高校体育教学改革与发展研究

丁俊杰 著

中国财经出版传媒集团

经济科学出版社
Economic Science Press

·北京·

图书在版编目（CIP）数据

高校体育教学改革与发展研究/丁俊杰著．－－北京：
经济科学出版社，2024.3
ISBN 978－7－5218－5701－6

Ⅰ.①高…　Ⅱ.①丁…　Ⅲ.①体育教学－教学改革－
研究－高等学校　Ⅳ.①G807.4

中国国家版本馆 CIP 数据核字（2024）第 053331 号

责任编辑：王红英
责任校对：杨　海
责任印制：邱　天

高校体育教学改革与发展研究
丁俊杰　著
经济科学出版社出版、发行　新华书店经销
社址：北京市海淀区阜成路甲 28 号　邮编：100142
总编部电话：010－88191217　发行部电话：010－88191522
网址：www.esp.com.cn
电子邮箱：esp@esp.com.cn
天猫网店：经济科学出版社旗舰店
网址：http://jjkxcbs.tmall.com
固安华明印业有限公司印装
880×1230　32 开　8.375 印张　230000 字
2024 年 3 月第 1 版　2024 年 3 月第 1 次印刷
ISBN 978－7－5218－5701－6　定价：42.00 元
（图书出现印装问题，本社负责调换。电话：010－88191545）
（版权所有　侵权必究　打击盗版　举报热线：010－88191661
QQ：2242791300　营销中心电话：010－88191537
电子邮箱：dbts@esp.com.cn）

本书为浙江省 2023 年度高校国内访问学者教师专业发展项目"高校体育教学理论与实践创新研究"（课题批准号 FX2023077）的研究成果

目　　录

第一章

体育教学概述

　　作为一种身体活动和社会文化现象，体育是根据社会生产和社会生活的需要而逐渐产生的，它的发展也是随着社会的进化而不断完善①。体育教育是传递体育知识和技能的关键路径，有助于培养学生运动能力、健康行为、体育品德等核心素养，促进学生在德育、智育、美育和劳育等方面协同发展。本章主要从体育教学的概念与内涵、性质与功能、特征与原则等方面进行分析与研究，为体育教学实践活动的开展奠定一定的理论框架和理论基础。

第一节

体育教学的概念与内涵

　　体育教学以学生的身体锻炼为核心，结合体育教育和科学的锻炼方法，主要致力于提升体质、促进健康以及增进运动素养，作为一门公共必修课，它在学校课程中占据重要的地位。作为高等学校体育事业的核心环节，体育教学推动了身心健康、思想教育、文化

---

　　① 傅砚农，曹守和，赵玉梅，苏肖晴．中国体育思想史（现代卷）［M］．北京：首都师范大学出版社，2008：1．

科学教育以及日常生活中的运动技能教育与身体锻炼的有机结合。此外，它还是实现全面素质教育和培育全方位发展人才的关键路径。

体育教学是由教师引导，以学生为主体的认知和体验过程。近些年，虽然体育教育改革已取得诸多进步，但还存在一些挑战。其中最显著两点是如何让教学从以教师和教材为中心，转变为以学生为主体和学生活动为中心；如何从仅仅传授知识与技能，转变为强调全面发展学生素质和学生能力的教育理念。

体育教学是学生在教师的引导下，对体育活动进行认知、理解与实践的过程。这个过程中，教师、学生、教学内容和教学方式这四个元素相互关联，相互影响，形成了一个动态的关系结构。如果这四个元素中任何一个没有发挥出应有的作用，都会影响到教学效果。因此，深入研究教学过程的特点和规律，合理安排各元素之间的关系，制定和完善体育教学的模式，对于提升教学质量和效果有着极大的价值。

一、体育教学的概念

教学是一种教师和学生共同参与的教育过程，通过他们的共同努力，为了达成特定的教学目标而协同合作。体育教学，作为体育教育的重要组成部分，不仅是一门独立的学科，更是一种具体的教学活动。体育教学主要包含一系列有明确目标、教学计划和教学组织的体育活动。

体育教学是专门针对体育学科进行的教育活动，它的组成部分包括教学目标、教学内容、教学实施与教学评价等环节。体育教学是一门独特的课程，它结合了教育学、心理学、生物科学、社会学、哲学等学科的理论知识，以提高学生的身心健康、提升学生的体能、发展学生的综合素质为主要任务。它与德育、智育、美育、劳动教育等方面相结合，促进学生全面发展。体育运动、体育活动及训练等方面的教育能够强化学生的身心基础素养，这是现代素质教育的核心内容和手段。体育教学并不仅囿于理论知识的掌握，更侧重于实践与参与，要求学生在掌握一定运动技术的基础上，参与体育活动，达到一定的运动技能水平，并通过经验的积累，深化对体育活动的理解和体验。

综合来看，体育教学概念可以用以下方式来概括：体育教学是在教学过程中，体育教师利用体育教材作为载体，结合德育、智育、美育和劳动教育等方面的课程，引导学生掌握基础体育知识、发展运动技能并培养良好的锻炼习惯。其目的在于推动学生的身心健康并促进他们的全面发展。换言之，体育教学就是在学校环境中，由体育教师指导学生了解、掌握并提高体育知识、运动技能和素养的过程，以帮助学生促进身心的健康和全面的成长。

二、体育教学的内涵

以习近平新时代中国特色社会主义思想为指导，全面贯彻党的教育方针，遵循教育教学规律，落实立德树人根本任务，发展素质教育。坚持德育为先，提升智育水平，加强体育美育，落实劳动教育，培养终身体育意识，将培育人才作为首要任务，聚焦发展学生的核心素养，培养学生适应未来发展的正确价值观、必备品格和关键能力。体育教学与其他学校教育一样，是培养全面发展人才的关键途径。

（一）体育中蕴含着终身体育思想

体育在现代社会生活中已日益占据不可或缺的位置，成为了人们休闲时间的主要选择。因此，掌握体育基础知识和技能的重要性也随之显现，不仅需要在体育课程中学以致用，还应在课余时间进行有效的体育活动。这就需要学生深入理解和熟练掌握锻炼身体的各类理论和方法，同时也需要培养他们具有参与体育行为的能力和正确的参与态度。

在体育的教育理念中，紧紧围绕"终身体育"的理念，将教育重点放在对学生实用能力的培养上。比如，培养学生组织和指挥队伍的能力，组织小型体育活动的能力，具备基本的体育赛事裁判能力，掌握处理运动损伤的基本能力，以及根据自身需要安排运动处方的能力，等等。以上这些多元化的能力，将更好地帮助学生在日后的生活中应用所学，更好地参与和享受体育活动，促进身体健康。

学校体育是构建社会体育的首要环节，体育教育在学校中所传授给学生的知识和技能、方法与价值观将会在他们步入社会后得到持续的体现与发展。当学生走入社会，立足工作岗位后，健康的体魄将会成为他们施展才华，对社会做出贡献的重要保证。同时，学生在学校中所掌握的体育知识与技能，也会对他们的职业发展和社交需要提供有力帮助。

（二）体育中渗透着道德品质教育

体育品德是指学生在体育运动中应当遵循的行为规范和体育伦理，以及形成的价值追求和精神风貌。体育品德包括体育精神、体育道德和体育品格三个维度。体育精神主要体现在积极进取、勇敢顽强、不怕困难、坚持到底、团队精神等；体育道德主要体现在遵守规则、尊重裁判、尊重对手、诚信自律、公平竞争等；体育品格主要体现在自尊自信、文明礼貌、责任意识、正确的胜负观等。

体育活动作为一种实践性的教育方式，通过参与者在运动过程中展现的行为来培育组织能力、遵守纪律、集体荣誉等道德品质。此外，在体育竞赛和训练中，学生需要面对挑战、顽强拼搏，从而锻炼出勇敢、坚定、果敢、机敏等意志品质。相较于传统课堂教育，体育活动能更直观地展现出学生的品质，让教师能针对性地进行教育引导，从而取得更为显著的教育效果。

全球许多国家在制定学校体育的目标时，都着重强调体育在道德品质教育方面的重要作用。体育不仅对学生的身心健康有着积极的影响，也在更广大和全面的教育领域中扮演了重要的角色。虽然各个国家的社会背景、政治立场和思想观念各不相同，但无论如何，他们都一致认可和强调体育在教育中不可忽视的价值，尤其是通过体育活动培养年轻一代的道德品行方面做出了重要贡献。

（三）体育中渗透着智力教育

智力教育是一种教育形式，主要着重于学生的思维和理解能力的培养和发展。它包括但不限于提升记忆力、思考力、理解力、创新思维、解决问题的能力等。这样的教育方式不仅关注知识的传授，更关注如何帮助学生掌握有效使用知识和技能去独立解决问题的方法。智力教育的目的在于提升个体的认知能力，培养他们成为更加独立的思考者。

体育本身蕴含着丰富的智力教育。每一个运动项目的学习与掌握，需要理解运动技术的形成规律，掌握运动技术的发展轨迹，熟练记忆基本运动技术动作或套路，并熟知比赛规则与战术策略。这就要求学生记住规则、技术和策略，有助于提升他们的长期记忆力和短期记忆力。体育项目像排球、篮球、足球与棋类游戏等需要学生根据瞬息变化的比赛现场，针对对手运用的战术或策略做出判断，并快速思考出破解对方战术的方法，立即决策并付诸行动，化解战术难题。这个过程培养学生制定策略与做出复杂决策的能力，有助于发展逻辑思维、问题解决和决策制定能力。同时，体育运动需要高度集中的注意力和快速的反应能力，帮助学生提升专注力和反应能力，从而训练学生的观察力和注意力。体育比赛会激发学生的各种情绪，如兴奋、紧张、失望等。学生需要学会管理这些情绪，并将其转化为积极向上的动力和表现。通过体育教育，学生可以培养情绪管理和情绪智力，提高他们的情绪控制能力和应对压力的能力。同时，体育活动中常会出现各种意外和突发状况，面对问题，学生需要找到解决问题的方法，这也有助于提高问题解决能力。

（四）体育中渗透着美育

《中共中央 国务院关于深化教育改革全面推进素质教育的决定》明确表示，美育不仅具有陶冶情操和提高个人素养的作用，而且有助于智力开发。对于促进学生全面发展，美育起到一种无法替代的重要作用。我们需要尽快改善学校美育工作中存在的不足，将美育融入学校教育的全程。

美育的目标是激发学生的审美观和良好的行为习惯。美育在人类的全面成长过程中是非常必要的，它是辅助个性全面发展的一个主要要素。如果学校想要培养全面发展的学生，美育就是一个不可或缺的组成部分。美育和体育有很强的关联性，它们在某些方面有重叠和交集。体育活动中充满了丰富的美育元素。在进行体育教学和活动时，学生们可以体验并意识到美的多个层面。从运动项目出发，健美操、啦啦操、形体瑜伽等操舞类项目，用优美的舞蹈和律动的音乐，通过锻炼身体来塑造形体，逐步实现身体美、动作美、韵律美、创意美、情感美和艺术美的目标；从身体角度出发，他们可以体验到体质美、对称美、姿态美、健康美和肤色美等；从运动的角度，他们可以感受到运动形态美、动力美、节奏美、和谐美、灵巧美、柔韧美和力量美等；从行为角度，他们可以感受到团队协作美、匀称美、道德美、激情美和机智美等。更为重要的是，运动员在运动过程中，可以在身心上获得满足感和充实感，体验到美的享受。

（五）体育中渗透着劳动教育

1994 年，时任国务院副总理李岚清指出：德、智、体全面发展的方针属于我们党的重大方针，……然而这并不意味着可以忽视美育和劳育。……劳育也应当包括在德育和体育里面①。党的十八大后，党和国家高度关注体育与劳动教育的融合，提出"要在体育与健康学科中有机渗透劳动教育"②的论述。劳动教育是新时代社会主义教育的重要组成部分，贯穿并作用于德智体美四育，具有浸润品德、开发智力、强健体魄、求知悟美等综合的育人价值，是学生成长成才的有效路径③。由此可以看出，体育本身渗透着劳动教育，两者有着紧密的联系，深化体育与劳动教育功能互补，能促进学生的身心健康。体育能促进学生体质健康的提升，锻炼学生的意志品质，为劳动教育的实施奠定坚实的身体素质与思想认知支持；劳动教育能增强学生自身体力，促进他们参与体育活动并养成强健体魄，而这离不开体育与劳动教育融合的支持④。

体育课教学中包含着丰富的劳动元素：一是动手能力，体育运

---

① 李岚清. 美育是整个教育不可缺少的重要组成部分 [J]. 人民教育，1994 (10)：10-11.

② 中华人民共和国教育部. 关于印发《大中小学劳动教育指导纲要（试行）》的通知 [EB/OL]. (2020-07-07) [2021-12-25]. http://www.moe.gov.cn/srcsite/A26/jcj_kcjcgh/202007/t20200715_472808.html.

③ 罗艺，王路达. 新时代生态劳动教育：内涵特征、育人功能与实践逻辑 [J]. 东北师大学报（哲学社会科学版），2023（6）：123.

④ 李世宏. 新时期中国体育与劳动教育的融合：必要性、挑战及路径 [J]. 成都体育学院学报，2023.49（5）：47-54.

动要求学生动手操作，如布置运动场地，打扫清洁运动器材，培养他们的实践和操作能力；二是责任意识，学生需要承担起保持训练设备和环境整洁的责任，对自己的学习负责，这样的过程可以培养学生的责任意识；三是团队协作，体育课中的团队运动，学生们需要共同协作完成目标，提高他们的配合和沟通能力，这是劳动中必备的基本素质；四是创新能力，体育课中的攻防策略、技巧运用等元素，可以锻炼学生解决问题的能力，激发他们的创新精神，这也可以迁移到劳动教育中劳动创新的能力。

体育是一个很好的劳动教育平台，通过合理的设计和实施，可以培养学生诸多的劳动素养，从而为他们更好地接受未来的社会化劳动做准备。

第二节
体育教学的性质与功能

一、体育教学的性质

性质是确定一个事物与其他事物区别的最基本要素，不同性质的事物自然会产生不同的特点和表现形式。体育教学与其他学科教学的本质区分正是源于它所固有的体育教学特性。考虑体育课程的独特特征，体育性在体育教学中主要体现在以下几个关键的领域：

第一，体育教学通常在户外或室内专业的健身场馆进行；

第二，体育教学过程中，学生和教师都需承受一定的运动负荷和生理负荷；

第三，体育课是身体锻炼与思维训练相结合的过程，并伴随着频繁的社交活动；

第四，体育教学注重于提升学生的身体感知、空间感和运动相关的认知能力；

第五，体育教学更重视学生的主动参与和个人体验。

与其他学科相比，体育的性质还表现在以下几个方面：一是体育教学的"实践性"，与理科课程如生物、化学、物理中的实验操作不同，体育实践更侧重于身体技能的学习；二是体育教学注重技术实操练习，其他学科注重理论知识的学习与内化，而体育是通过身体练习实现育人目标的；三是运动技术的掌握，需经过泛化阶段、分化阶段、巩固阶段与自动化阶段等过程，特别在运动技能的泛化阶段，学生需要对动作的构造、元素、相互关系、力量、速度等进行初步理解和认知。因此，从这个角度来说，体育运动技能仅仅是一种提高身体素养和完成技术动作的方式，可以被看作是一种"操作性知识"。

根据以上分析，我们应当理解，体育教学的核心属性在于其体育性本质。体育教学本质上是一种旨在传授运动技术与知识的教学活动。在此过程中，学生不仅学习到运动知识，而且还能将所学知识转化为实际的运动技能，从而充分体现了体育教学的性质并实现了其既定的教学目标。

二、体育教学的功能

体育教学作为学科的一个领域，其教学功能不仅包括向学生传递保健、生物、生理、心理、健康教育以及体育基础理论的知识，还包括传授科学的体育锻炼方法和手段，让学生能够准确掌握1~2项运动技能，并实现提高运动能力、形成健康的生活方式与养成良好的体育品德。更进一步的是，体育教学有助于培育学生的爱国主义、集体主义，团结互助、坚韧不拔与积极向上的精神态度。

总体来说，体育教学促进了学生多方面能力的发展。

（一）传播体育知识

教育是知识和技能的传递过程，体育教学也不例外。正如韩愈在《师说》中所言，"传道、授业、解惑"是教育的核心，涉及启发智慧、教授专业知识和解答疑难。体育教师的职责是传授体育知识，包括运动技巧、健康知识、生理学以及应急常识，以帮助学生深入理解体育运动，并解答运动中的困惑。

体育知识，或"身体知识"，是通过塑造学生体能而传授的。这种知识随着人类的发展而累积和演变。早期，身体知识主要是基本活动能力，如行走、奔跑等，对生存至关重要。而现代社会中，体育知识包括各种体育运动的基本理论和技能。通过这些知识的传播，学生能全面了解体育健康知识，提高参与体育活动的兴趣和积极性。

（二）发展运动技能

体育教学的精心设计和有效实施对于学生运动技能的习得和提升至关重要。研究显示，适当的体育运动能显著提高个体的身体素质。因此，学校体育教学成为传授和掌握运动技能的关键途径。现代体育教学内容趋向大众化和易普及化，包括球类、操舞、民族传统项目、田径、游泳等多样化项目，这些既促进了学生身体素质的提升，也增强了体育教学的普及性和可接受性，满足了学生的多元化需求。

在我国的体育教学中，学校体育活动是教师向学生传授运动知识和技能的互动过程，其中运动技能教授是课堂学习的核心。例如，在健美操教学中，教师会详细讲解并练习踝关节的动作，强调特定技巧如灵活性与协调性训练。实践练习是学习运动技能的关键。

在体育教学过程中，体育教师既是运动技术的精通者，也是运动技术的传递者。教学应从最基本的动作开始，随着时间和经验的积累，逐渐过渡到更复杂的技术动作。运动技能的学习不仅要求学生深入理解运动技术的规律和内在逻辑，还需通过反复的身体练习建立肌肉记忆，最终达到熟练乃至下意识的水平。因此，体育技能教学强调了从简到繁、从易到难、循序渐进的教学方法。

（三）传承体育文化

传递体育知识和技能的核心目标是延续和发扬体育文化的精髓。体育教育的核心是指导学生学习正确的运动技巧，以便他们受益于体育的身心积极效应，进而促进体育文化的传承。体育教学不仅是运动技巧的模仿学习，而且是更深入的体育文化教育，通过体育活动传达深层文化意义和价值。

体育文化的传承是一个持续且系统的过程，涉及学生的终身成长和人类社会的发展。为实现这一目标，体育教学应关注两个方面。一方面，确保体育课程内容在不同阶段间的连贯性，使学生逐步掌握完整运动技巧，累积运动能力。另一方面，保证体育教学在不同阶段的可持续发展。体育教学应设计成全年计划，包括每周的体育课程，并按照不同周期划分，如周、学期、学年乃至整个教育阶段。

现代教育理念强调"以人为中心"，这在体育教学中尤为重要。教师应关注并促进学生作为学习主体的作用，认识到学生是未来体育文化的承载者。通过对体育的知识、技能和文化的持续传承，不仅丰富了各类体育文化，如竞技体育、奥林匹克运动和群众体育活动，还促进了人类社会的发展。

（四）提高身体素质

体育运动所具有的健身功能是客观存在的，而增强人民体质则是体育运动发展的核心特征。通过长时间的改革实践，现代高校体育课程的规划、教学大纲的设计、教材内容的选择、课时的安排以及教学组织的实施已经逐步朝着合理和科学的方向发展。

体育教学能提高学生身体素质主要体现在以下两个方面。

1. 促进身体发育

通过体育锻炼，可以直接并显著地提高人体的各项机能。特别是对于处在快速生长发育阶段的儿童和青少年而言，他们身体的形态具有较高的可塑性。运用针对性的体育教学对学生健康成长能发挥重要的推动作用，长期有规律地参与体育锻炼有助于身体形态的正常发育，培养学生正确的身体姿势，有助于增强身体素质，塑造强健的体魄和匀称的体型，有利于学生身体的生长和发育。

2. 提高身体机能

体育对增进人体的机能水平具有重要作用，经过实践证明，经常参加体育运动可以增强人体的机能。参加体育运动能够使运动者的神经功能更加协调和灵活；提高骨组织的血流，让骨骼变得更强壮；提升肺的容量，从而改善呼吸系统的效率；加强心脏的活力，促进体内新陈代谢，使得身体的各个器官系统功能得到提升。基于这些改进，学生的免疫力、疾病抵抗力及对环境的适应能力等多个方面也随之增强。

（五）促进心理健康

体育在提升学生心理健康方面发挥着重要作用，其通过两个层面发挥作用：一是直接对学生的心态及心理成长产生积极效应；二是通过加强身体素质间接助力心理健全。身心健康互为表里，而体育课程不仅助力身体的苗壮成长，也是塑造健全心理的重要途径。体育教学促进心理健康的行为，主要通过教师的教授和引导来实施。老子说"行不言之教"，其义为每个人的行为都是别人的榜样。而对教学中担任重要角色的教师而言，教师的一言一行会潜移默化地影响着学生的行为。教师在体育教学中，必须做到为人师表，是学生成长道路上的引路人与榜样。

体育教学对促进学生心理健康的作用主要表现在以下三个方面。

1. 愉悦身心，减轻压力

体育运动有助于提升人的幸福感，科学研究指出，参与体育活动能够改变人体激素水平，尤其是增加内啡肽的释放，这种神经递质与愉悦感和幸福感息息相关。体育运动也是一种很好的释放压力方式。参与运动可以帮助学生转移注意力，释放累积的负面情绪，学生可以在身心上得到舒缓，有效地减轻因学业带来的压力。适度的体育运动可以提高大脑的氧供给和血液循环，有助于提高学习效果，并缓解长时间学习带来的身体疲劳和压力。此外，在体育教学中，有舒缓或激情的音乐相伴，丰富的教学活动会增加学生与同伴间相互沟通交流的机会，这些都有助于舒缓紧张的心理状态，减轻学生心理压力和学习压力。

2. 调节情绪，调和心态

体育教学能够丰富学生的情感体验。在积极参与体育活动时，学生经常经历胜利的喜悦和失败的挫折，而在这两者之间，挫折的经历往往居多。这样的经历有助于学生学会如何在困境中保持正确的心态，并且在胜利时也能保持谦逊和冷静。具备这种品质的学生，能够坚持不懈地追求成功。此外，体育教学的一个重要职能是引导学生学会社会的道德标准、规范和理念，这是学生步入社会前必须掌握的基础知识。

3. 健全人格，塑造品德

体育品德是指学生在体育运动中应当遵循的行为规范和体育伦理，以及形成的价值追求和精神风貌。体育品德包括体育精神、体育道德和体育品格三个维度。体育精神主要体现在积极进取、勇敢顽强、不怕困难、坚持到底、团队精神等；体育道德主要体现在遵守规则、尊重裁判、尊重对手、诚信自律、公平竞争等；体育品格主要体现在自尊自信、文明礼貌、责任意识、正确的胜负观等。[①]

在体育精神层面，学生在学习运动技能或参加体育比赛时，需面对各种突发的困难与挑战，能迎难而上、直面困难、冷静思考、顽强拼搏地解决问题的过程，是对学生意志品质的重要锻炼。在体育教学或体育比赛时，组织开展丰富的体育活动或体育游戏，每一项运动都有其比赛规则和裁判规则，需要学生在遵守规则的前提下，学会尊重裁判与对手，建立公平竞争的意识，有序地开展各项活动，才能享受到活动项目的乐趣。在体育教学或体育比赛中，引导学生学会关爱他人、建立正确的胜负观、培养团队合作意识与团队精神，这些良好的行为习惯与体育品质也应延伸到社会活动和个人学习生活中。

第三节

体育教学的特征和原则

一、体育教学的特征

随着现代体育教育理论的逐渐发展和体育教育改革的不断深

---

① 中华人民共和国教育部. 义务教育体育与健康课程标准（2022 年版）[M]. 北京：人民教育出版社，2022：6.

入，学校体育教学有了很大的变革。作为指导教学的体育理论已超越原有模式，并逐渐向生物学、社会学、心理学、教育学、美育以及健康生活方式等多元化视角转变，以更全面地开展学校体育教学。

（一）教学大纲的统一性和适用性

根据健康教育的需求，体育教学大纲将向多元化的方向演变，在遵循全国统一的体育教育指导方案的基础上，各个地区可以根据自身特点制定具有地域特色的大纲。这些地方性的大纲既补充和完善统一体育教育指导思想，也具备针对性、指导性、实用性和灵活性等特点，同时还保持了权威性。

（二）教学目标的科学化和多样化

现代体育教育越来越注重寻求教学的认知、情绪和技巧等多个目标的协调实现，主张知识、情感、意志和行动的全面和均衡发展。教学是实现教育目标的主要途径，课堂上鼓励不仅让学生在知识上有所提升，而且使他们在学习过程中感受到快乐，充分考虑满足他们的身心需求。因此，在现今的学校体育教学改革中，从目标角度看，强调在教学过程中应把健康放在首位，让学生享受体育带来的乐趣，并培育他们健全终身活动的意识和能力。

（三）教学内容的实践性

体育教学内容主要是以身体锻炼、身体练习、运动技术与技能的学习及教学比赛等形式为主，而这些形式的实现又主要是以"身体活动"为主要手段的。体育教学主要是让学生直接参加各种身体练习，使身体活动与思维活动有机结合，从而掌握体育知识、运动技能，培养能力，形成正确的态度情感、价值观，这属于运动性认知，进行运动学习是体育教学的主要特点。因此，实践性是体育教学内容最突出的特点之一。

（四）教学方法的综合性

现代体育教育已超越传统教学模式，采用系统理论，呈现多样化的教学目标。因应这些目标，教学方法变得多样化。现代教育摒弃单一模式，重视多种教学方法的结合，根据教学目标灵活调整，以达到最佳教学效果。

体育教学是复杂的，涉及丰富的教学内容和多方面的目标。选择教学方法时，须考虑学生的年龄、生理和心理状态、学科特点及身心发展规律。同时，适应教学改革的要求。单一教学模式已不足以满足现代体育教学需求，需运用多样教学方法，促进学生全面发展。因此，选择综合性教学方法是现代体育教学的主要发展趋势。

（五）教学评价的多元化

现代体育教学评价发展趋势倾向于全面、整体、积极且有针对性的评价方式。从评价方法来划分，可分为定性评价与定量评价；从评价作用来划分，可分为诊断性评价、形成性评价与终结性评价；从运用标准来划分，可分为相对性评价、绝对性评价与个体差异性评价；从评价主体来划分，可分为内部评价与外部评价。

二、体育教学的原则

体育教学原则是对体育教学实践经验及规律的概括和总结，是实施体育教学的最基本要求，是保持体育教学性质的最基本因素，是判断体育教学质量的基本标准[①]。本节将从以下六个关键方面进

---

① 毛振明. 简明体育课程教学论 [M]. 北京：北京师范大学出版社，2009.

行阐述。

（一）全面发展原则

全面发展原则是体育教学的基本要求和基本原则之一[①]。体育教学既要促进学生的运动参与、运动能力和体质健康，也要注重发展学生的心理健康和社会适应能力。这意味着体育教学应该综合考虑学生的身心发展，以促进学生的整体协调发展为目标。贯彻全面发展原则，体育教学中需认真贯彻以下三点。

第一，体育教师应研读与领悟《全国普通高等学校体育课程教学指导纲要》、体育教学大纲或体育教学课程标准，认真贯彻实施纲要与大纲中的指导思想、培养目标、课程资源开发、课程实施与课程评价。

第二，体育教师应树立以"健康第一""终身体育"与"以人为本"为指导思想，以培养学生身心健康为根本，以提高学生体育知识与素养，建立学生对体育的情感、态度和价值观，塑造学生终身体育的意识和习惯，以培养完整的人为目标，同时注重培养他们的社交、合作和领导等社会适应能力。

第三，在体育教学的不同阶段，包括准备、实施、复习、展演和评价阶段，教学内容、教学方法、教学模式、教学实施与教学评价等应围绕以学生全面发展为核心来开展。

（二）因材施教原则

因材施教原则是指在体育教学中教师要面向全体学生提出统一要求，还要根据不同学生的不同特点进行有针对性的教学，将集体

---

① 刘明，张可，刘洋. 普通高校体育教学发展与改革探究 [M]. 北京：中国纺织出版社，2018.

教学和个别教学相结合，让学生得到充分的发展①。体育教学活动应根据学生的共性和个性展开合理的教学。学生的共性表现在身体年龄阶段发育的稳定性和普遍性上。个性则表现在年龄、性别、身体素质、教育水平、认知能力、专业特点与兴趣爱好等方面的差异。因此，在教学过程中，需对教学对象进行深入的学情分析，根据授课对象的特点设计相适应的教学设计、教学内容、教学方法和运动强度。

1. 深入研究学生的个体差异

在新学期开学初，教师可开展一些测试或者对话，来识别学生在身体状况、个人兴趣及运动能力等方面的个体差异。同时，教师需了解学生个体间的差异性也会随着个体发展而发生变化。例如，初次评估可能显示某些学生在运动技能上并不突出，但是由于他们对体育活动充满热情，以及在日常课堂活动中的积极参与，这些学生可能会随着时间的推移逐渐展现显著的进步。基于这一点，教师需要有发展的眼光，将学生长期的成长与进步放在重要位置来考虑。教师在培养学生时，应注重观察这种持续的进步，并激励学生的持续努力和发展。

2. 选择多样化的教学方法

在体育教学过程中，仅依赖于同等水平分组的教学方法，不足以应对学生在不同运动项目上展现的个别特长和差异。为了有效应对这一挑战，教师应当采纳多样化的教学方法。例如，通过组织各种活动如"障碍跑"或"健身操"，可以确保那些在特定运动项目中未能表现出显著特长的学生也能保持对体育的兴趣，并避免在课堂上感到被边缘化。体育教师的主要目标应是促使所有学生积极参

---

① 姬红丽. 新时期体育教学与改革探索［M］. 北京：北京工业大学出版社，2021：13.

与体育活动，享受运动带来的乐趣，同时在这一过程中推动他们的技能提升和全面发展。这种教学方法不仅强调学生技能的提升，也重视培养他们对体育活动的持续兴趣和参与动力。

3. 平衡个体差异与标准统一

在学习过程中，学生需完成每个学习阶段的特定教育目标，这些目标基于大量的学术研究，并由专家和学者们共同制定。虽然学生个体间的差异性是教育领域必须认真对待的现实，但这并不允许教育实践忽视对学生实现普遍教育标准的要求。特别是在体育教学中，尽管学生的个体差异须得到充分重视，体育教师还是需要以班级整体为教学对象，确保对所有学生施行统一的要求。这是为了保证学生能够完成规定的教学任务，实现教学目标，同时平衡个体差异和教育标准之间的关系。这要求体育教师在教学策略上既要体现灵活性以适应不同学生的需要，又要保持一致性以确保教学目标的实现。

（三）循序渐进原则

循序渐进是体育教学的基本原则，最早由夸美纽斯在《大教学论》中提出[1]。体育教学过程中，循序渐进的原则是至关重要的。教学应按照由简单到复杂、由容易到困难、由已知到未知的顺序进行，逐步加深学生对体育知识、技术与技能的理解和掌握。通过循序渐进的方式，学生能在学习过程中建立扎实基础，逐步发展与提高自己的认知与技能，且能在更高级别的困难中接受挑战。

在体育教学实践中，科学地遵守循序渐进的原则需要做好以下两方面的工作。首先，需制订完善的教学大纲和系统科学的教学计划。具体而言，教师需对每个运动项目、每次课程、每个学期的内

---

[1] 蒋新国．体育教学原则新论［M］．广州：暨南大学出版社，2010．

容和教法进行前后衔接，逐步提高教学水平。教师要考虑运动项目的学习顺序，从由简到繁、由易到难的顺序安排教学。同时，要考虑不同运动项目之间的关系，确保前一个运动项目的学习，是为后一个项目的学习打下坚实基础。

其次，在体育教学中，逐步提高运动负荷是非常重要的。体育教学是以身体练习为考核内容，而运动负荷的提高应根据循序渐进的原则来进行，最好采取波浪式、按学生身体反应情况逐步提高负荷。这是因为机体需要一定时间来适应新负荷，所以在课程安排上应有交替和节奏感。而合理利用超量恢复是提高生理负荷的有效措施之一，通过适当的休息和恢复来使身体更好地适应负荷的增加。

（四）巩固提高原则

根据心理学家艾宾浩斯的遗忘曲线和重复记忆理论以及运动条件反射的建立与消退理论，学生学习的知识技能，长时间不去复习会遗忘或消退。而通过反复训练，特定的刺激与特定的反应之间形成的神经回路会逐渐加强。这意味着在运动条件反射的学习过程中，重复训练和对刺激—反应的频繁联系可以加快条件反射的建立和巩固。因此，为了维持和巩固运动条件反射，重复性的训练和恰当的练习是必要的。

1. 重视教学方法与训练方法

通过讲授、演示、实践、询问、评价等手段确保教师和学生之间能够实时交换信息。根据信息有效性的原则，信息的及时传递，可以减少损失；信息的准确性越高，教学成效就越显著。同样，通过提问题、进行考核、举办竞赛等活动，可以加强和提升学生在体育知识、技术和技能方面的掌握。

2. 加强重复练习法

引导学生进行反复实践练习，并增加练习难度，进行有针对性地强化训练。稳固运动技能中的条件反应是检验巩固提高原则的核心策略。在体育课上，应确保给予学生充裕的时间来进行技能的练习。但反复练习并不只是机械重复，关键在于训练过程中需不断地提升技能，纠正动作中的缺陷和错误，以促进学生持续改进。这种做法能够有效激发学生的练习热情，并真正提高运动技术与运动技能。

3. 课内外一体化

运动技能的发展与运动习惯的培养，需加强课内与课外的联动，教师给学生布置适量且有一定难度的课外作业，鼓励学生通过多样化的练习方式巩固动作；加强课堂与社会实践的结合，学生学习的运动技术需应用于实践活动中，在活动中会发现问题，进一步激发学习的兴趣和热情，并通过在实践活动中展现，发展学生运动技能的运用能力，有利于运动习惯的培养。

（五）培养兴趣原则

学习兴趣在学生的学习活动中有着重要的意义。学习兴趣被激发的学生会变得积极主动，把学习视作一种享受，从而避免认为学习是一种负担。教师在开展教学活动时需积极激发和培养学生对学习的兴趣，促使学生更加自发地投入学习之中，唤醒他们的学习欲望，使得他们的学习态度更加积极，并愿意持之以恒地继续学习。

1. 导向作用

兴趣能够对活动产生导向作用，其作用具有两个层面的含义。

首先，兴趣可以提高学生的注意力。一旦学生对某个学习活动产生了兴趣，便会自愿地投入精力学习、思考观察到的问题和所学习的内容。学生在产生了学习兴趣后，能够集中注意力学习，即使面对外界干扰也能够积极应对。

其次，兴趣能够为学生未来的工作打下深厚的基础。当学生开始产生对某个学科或领域的兴趣后，就会积极主动地学习相关知识、探究相关问题，这些素养会为学生未来就业提供有力的支持和基础。

2. 补偿作用

兴趣的补偿意味着学习中的热情可以缓解某些不利于学习进程的因素或状况所带来的负面影响。当一个学生对学习抱有浓厚的兴趣时，能以创造性的方式解决问题，这不单能提升他们的成绩，同时也有助于他们改善学习技巧和提升学习的效率。

3. 强化作用

学习兴趣的强化作用表现在对学习有高度热情的学生能够对所学知识获取更持久的记忆，对理解内容的深度和技能的掌握也会更加扎实。研究者发现，在学习新内容后，如果不进行复习，经过一段时间后，比较这些学生的学习成效，充满学习兴趣的学生与缺乏兴趣的学生之间会表现出显著的差异。这种差异源自积极的学生在学习过程中展现出更高的专注力和更快的思维反应。

（六）安全性原则

体育教学与其他类型的学科教学有所不同，体育活动的魅力在于它固有的冒险和挑战性质，这也是体育的独特魅力之一。然而，在进行体育教学时，即便无法完全杜绝安全风险，我们还是应当尽可能地降低并防止意外伤害的发生。为此，可以采取以下三点措施：一是加强学生安全意识的教育；二是科学评估潜在的安全风险并制定相应的应急预案；三是普及并提升学生应对突发事件的技能，如心肺复苏的操作、创伤后的基本包扎方法与固定方式。

第二章

国内外教育思想与 21 世纪
体育教育理念

第一节
国外经典教育思想

一、杜威实用主义教育思想

（一）杜威教育思想产生的历史背景

在 19 世纪末，从美国经济历史的角度来看，美国的工业生产已居世界领先地位。在 19 世纪末到 20 世纪初，美国逐渐从农业国发展为工业国。20 世纪 20 年代，美国经济进入了农业全面机械化和工业电气化的阶段。随着经济和科技的进步，劳动力结构发生了巨大改变。因此，培训大量具备专业技能的技术工人成为学校教育的重要任务。

从美国社会意识的角度来看，"有用便是真理"的实用主义哲学已经深入人们的内心。杜威的实用主义教育思想强调学生要具备实际工作和处理事务的能力，这一观点容易被接受。当时的美国人送孩子上学是因为他们认为教育是一种面包和黄油的获取途径，以维持一定生活水平的狭隘实用手段。

从美国学校教育环境来看，美国学校能够同时支持学生进一步深造或者直接参与工作。由于初中教育并没有清晰分级，且许多学生在毕业后会立即进入职场，这样催生了对一种能够指导教育实践的理论需求。在当时，美国教育界普遍采纳的是赫尔巴特主义所倡导的"以教师为核心""以课堂为中心"和"以学科为中心"，但已不符合美国教育面临的独特挑战。鉴于此，杜威的实用主义教学理念便顺应时代的需要而产生。

（二）杜威教育思想主要观点

1. 有关教育本质的观点

在教育的本质层面，杜威提出"教育即经验的改造和改组"[①]。在他的实用主义教育理论中，经验是核心概念。他认为教育过程是个体通过亲身获得的经验不断更新与调整的过程，而并非是学习他人和前辈的经验。以这一观点为基础，杜威提出了"教育即生活""教育即生长""学校即社会"的口号。

所谓"教育即生活"，就是教育不是生活的准备，而是儿童现在生活的过程。学校应更多地顾及学生现有的直接经验，而不是用成人生活的标准去要求儿童，使儿童仅仅为遥不可测的未来生活做准备[②]。

"教育即生长"的理论批判了学校对儿童天性发展的忽视，以

---

① 杜威. 杜威教育论著选 [M]. 赵祥麟，王承绪编译. 上海：华东师范大学出版社，1981：27.
② 张斌贤，褚洪启，等. 西方教育思想史 [M]. 成都：四川教育出版社，1994：619.

至于儿童被动地接受与吸收知识，导致学习的阻碍和教育资源的浪费。所以，真正的教育不仅仅是填鸭式的教学，而是按照学生的天赋和能力，将教育变成儿童本能、兴趣和能力自然生长的过程。

"学校即社会"的观念强调学校应该是一个社会的缩影或雏形。在这个环境中，真实的社会生活会被重新塑造出一个对孩子们来说可以理解和参与的状态。杜威认为，学校作为一个特殊的环境，需承担三个重要功能：一是简化错综复杂的社会生活，为年轻人提供一个可操作的环境；二是去除现有环境中无价值的元素，防止其对孩子的心理习惯产生影响；三是为每个人打造一个不受社会界限束缚的社区，创造一个新的、宽广的学习环境。

2. 有关教育过程的观点

杜威将教学过程视为一个"做"的过程。他认为，创造性的驱动和兴趣是人类的基本本能之一，同时知识和经验都是通过主体和客体的相互作用，也就是在生活过程中获得的。他一直在强调，孩子们应该在实际活动中学习和成长。

杜威认为好的教育能唤起儿童的思维。这里说的思维是明智的学习方法或教学中明智的经验方法，学校应提供能发展思维经验的情景。根据"思维五步"的步骤，杜威将教学过程也分为五个步骤：一是教师给儿童提供一个与现在的社会生活经验相联系的情境；二是使儿童有准备去应对在情境中产生的问题；三是使儿童产生对解决问题的思考和假设；四是儿童自己对解决问题的假设加以整理和排列；五是儿童通过应用来检验这些假设[1]。这便是历史上广为人知的"五步教学法"。

3. 有关儿童中心的观点

杜威是真正重视儿童自身的价值，他也被认为是现代教育的开

---

① 杜威. 杜威教育论著选［M］. 赵祥麟，王承绪编译. 上海：华东师范大学出版社，1981：27.

创者。杜威主张不成熟的儿童是教育过程的基本因素，也是不断成长的条件。他认为儿童有四类兴趣：一是社交本能，二是制作本能，三是探究本能，四是艺术本能。基于这四种本能，发展出四类兴趣，而教学和课程应根据这四类兴趣以及与之相关的经验基础来进行构建。

在教育过程中，教育者需重视孩子，根据他们的能力、兴趣和喜好来组织活动和安排课程内容。这是杜威教育理论的一个显著特色。杜威主张教育和教学应遵从孩子心理发展的规律，关注孩子的兴趣和需求，倡导个人自由和自我表达。他反对将孩子视为被动接受者的传统教育方式。杜威指出由于孩子主要通过形象思维来理解世界，因此应避免使用较为抽象且难以被孩子理解的教材。

（三）杜威教育思想与我国体育教学

随着杜威在新文化运动期间访华，实用主义教学思想传入我国，但过分强调"以儿童为中心"，不可避免地出现了"放羊式教学"。20 世纪 80 年代开始，随着杜威思想在美国重新复归，我国对其也开始重新审视，在体育教学实践中，可以看到杜威理论的影响烙印。这主要体现在以下三个方面。

1. 以学生为中心的教育理念

杜威强调"以儿童为中心"的教育理念，在我国体育教学中得到了体现。这种方法强调考虑学生的兴趣、需要和发展水平，教师角色从传统的知识传递者转变为指导者和促进者。在体育教学中，这意味着更多关注学生的个体差异，提供适应不同学生需求和能力水平的教学内容和方法。例如，通过小组活动、角色扮演和体育游戏等，激发学生的学习兴趣和参与度，而不仅仅是单向的技能训练。

2. 注重实践和体验学习

杜威主张"做中学"的教学理念,强调通过实践活动进行学习。在体育教学中,这种理念促进了更多基于实践的学习方法的采用。学生通过参与体育活动,不仅学习运动技能,还能发展团队合作与领导能力等。通过实践学习方法,使学生能够直接体验运动的乐趣和挑战,从而更深刻地理解体育的内涵和价值。

3. 注重综合性的课程内容

受杜威教育思想的启发,我国的体育教学越来越注重课程内容的综合性和多元化。这不局限于体育技能的培养,还包括健康教育、体育心理学、运动生理学等多方面知识的整合。这种综合性的教学方法有助于学生全面了解体育运动的多个方面,培养其对体育的全面认识和深刻理解。

总的来说,杜威的教育思想在我国体育教学中的应用促进了教学方法和内容的创新,强化了学生的主体地位,重视实践学习和课程内容的综合性,从而丰富了体育教育的内涵,促进了学生全面发展。

二、布鲁纳结构主义教学理论

(一)结构主义教学理论产生的历史背景

第二次世界大战结束后,美国和苏联进入"冷战"时期,两国在科技和军事实力上开启了较量。苏联于 1957 年成功发射了史上首颗人造卫星"斯普特尼克号",这让美国感到极度震惊,并意识到在科技竞争方面落后于苏联。美国政府于 1958 年推出《国防教育法》,旨在通过加大教育投资来培养科学技术人才。1959 年,美国还举行了伍兹霍尔会议,专门讨论如何改革中小学的教育课程。

这一连串行动为当时兴起的结构主义教育思想提供了政治上的条件。另外，自 20 世纪初以来，以杜威的"儿童中心主义"理念为基础的美国教育体系累积了一些问题，并被认为导致了教育品质的降低。因此，在当时的背景下，改革和建立一个高质量、注重智力发展的新教育系统成了美国教育改革的一个迫切需求。

(二) 结构主义教学理论主要观点

1. 传授学科知识的基本结构

布鲁纳认为，知识总是有结构的，知识是人们对于客观事物构造的一种主观模式，"它使得经验里的规律性具有了意义和结构。任何组织体系的观念都是人类发明出来的，目的是为了使经验更经济、更连贯"[①]。因此，教育课程的设计应遵循学科知识的基本结构，并将当前繁杂的学科内容，精简为一组简明的命题，从而创造出更为高效经济、富有活力的教学内容。

2. 重视儿童认知的发展

布鲁纳提出著名假说："任何学科都能够以智育上是正确的方式，有效地教给任何发展阶段的任何儿童。"[②] 即只需将知识结构转换成适合儿童不同发展阶段的理解水平，那么无论在多么早的教育阶段，都能够达到预期的教育效果。

他提出以螺旋式编排课程的理论，其主要涵盖两个方面：首先将学科的基本概念和原理以螺旋式的形式组织；其次是按螺旋方式培养学习者的学习和探索的态度。布鲁纳认为教学的核心任务应定位于促进学生认知能力的成长，特别是智力发展，他强调这是掌握知识体系的关键。他的这一理论正好满足了当时美国社会政治环境

①② Bruner J. S.. On Knowing [M]. Cambridge：Harvard University Press，1962：120.

的需求。

3. 强调学习过程中的直观思维能力

布鲁纳主张敏锐的推理能力、多样的假设设定能力以及快速、果断地得出试验性结论的能力是思考型工作者极其重视的特质。在培养直觉思维方面，布鲁纳提出了几种关键策略：

（1）确立直觉思维在学习中的重要性

教育者应建立一个开放、自由的课堂环境，鼓励学生自信、勇敢地表达自己的观点，同时培养他们的直觉思维。教师需要宽容学生的错误和失败，将这些视为学习过程中的宝贵经验，以此激发学生的探索精神和创造力。

（2）选用结构化的教科书

布鲁纳主张使用结构清晰、逻辑严密的教科书，以减少信息的混乱和不明确性，从而促进直觉思维的形成。结构化的教科书能够帮助教师更有效地理解和实施教学计划，同时也使学生能够更容易地跟随教学进度。

（3）创造生动的视觉场景

教师应避免仅仅提供口头指示，而是应通过创造生动、具体的视觉场景来鼓励学习者进行自我探索。学生应被鼓励在实践中思考，在错误中学习。教师应提供及时的反馈和鼓励，以促进学生在探索过程中的积极参与。

（4）倡导系统性的假设或推理

引导学生整合信息片段，通过直觉去洞察事物的完整结构。这要求学生在进行推理时，不仅要关注细节，也要从宏观上把握信息的整体联系和框架。

（5）应用探索性学习方法

布鲁纳强调探索性学习方法的重要性，这种方法促使学生在学习过程中主动寻求解决方案和新知识。这包括逐步设定限制条件，引导学生在一个更加聚焦和具体的范围内进行思考。通过缩小搜索范围，学生能够更深入地探索特定主题，从而在复杂的信息网络中发现简单的模式和联系。此外，教师可以鼓励学生使用类比思维，通过比较不同概念或情境之间的相似性和差异性，促进学生对新知识的理解和应用。类比思维不仅有助于学生理解复杂的概念，还能激发他们的创造力和问题解决能力。此外，关注相似关系可以帮助学生建立跨学科的联系，从而在不同领域之间建立知识桥梁。这种探索性学习不仅局限于学生的课堂活动，也应延伸到他们的日常生活和实际经验中，使学习过程更加全面和深入。

4. 提倡发现法学习

布鲁纳倡导的探索性学习理念，强调通过发现和探究来促进学习。这种方法主张学生依靠自身的能力进行学习，旨在培养他们的创新思维。它以学科的核心结构为教学内容，鼓励学生自主寻找答案，从而学会独立学习。此教学法的优势在于它能拓宽学生的学习途径，培育他们的探究精神和实践技能，激发学习兴趣，并增强学习者的内在动力。然而，这种方法也存在局限性。首先，由于学生的个体差异和能力不同，采用这种学习方式可能会导致不同程度的学习困难，尤其对于学习有难度的学生，可能引发自卑感和厌学情绪。其次，发现式学习法更适用于那些内在逻辑关系清晰、发展较为成熟的学科，对于体育课程来说，应用时需持有审慎态度。

5. 教学原则

（1）动机原则

布鲁纳的观点是，激发学生学习的根本驱动力源自内在动机，如好奇心、求胜心、成就感与快乐感等内在激励因素。这些内在动机具有自我强化的作用，比外在奖励所提供的激励，能更持久和稳定地激发学习兴趣。

（2）结构原则

布鲁纳认为每个学科都有基本理念和结构，教育的目标应是使学生理解这些基本结构。如果一个人掌握了一门学科的基本结构，那么该人就能更好地理解该学科的新信息和知识。

（3）程序原则

教学要遵循一定的顺序和步骤，"教学就是引导学习者通过一系列有条不紊地陈述一个问题或大量知识，以提高他们对所学事物的掌握、转换和迁移的能力"[①]。

（4）强化原则

在教育实践中，教师应谨慎选择合适的时机，以及时向学生反馈其学习成果，运用强化机制来有效促进学生的学习。这一强化原则是教学过程中的积极评价策略的一部分，其重点在于向学生提供修正性的信息，这对支持和促进学习过程具有关键性作用。

（三）结构主义教学理论与我国体育教学

1. 知识结构的重构与理解

布鲁纳强调在教学中应关注知识的结构，而非仅仅传授事实和信息。在体育教学中，这意味着教师应引导学生理解运动技能背后的基本原理和概念，而不仅仅是技术的机械训练。例如，教师可以通过讲解和示范，帮助学生理解某个体育项目的基本技术和策略，进而在实践中应用这些知识，从而促进学生对体育知识的深层理解和综合应用。

2. 发现学习与问题解决

布鲁纳主张通过发现学习和问题解决的方法来促进学生的认知

---

① 布鲁纳. 布鲁纳教育论著选［M］. 邵瑞珍，等译. 北京：人民教育出版社，1989：448.

发展。在体育教学中，这种方法鼓励学生通过实践活动自主探索和解决问题。例如，教师可以设置特定的体育挑战或情景，让学生在实践中发现运动技能的应用方法和解决团队协作中的问题，从而提高学生的探索能力和创新思维。

3. 发展高阶思维的能力

布鲁纳提倡通过问题解决和批判性思维的方法来学习。在体育教学中应用这一理念，可以鼓励学生在体育活动中不仅学习运动技能，还要学会分析、评估和解决问题。例如，在团队运动中，学生需要学习如何策略性地思考，如何与队友协作解决比赛中遇到的难题。

4. 鼓励学生的自主学习和探索

布鲁纳的教学思想倡导学生通过自我探索和实践来学习。在体育教学中，这种理念鼓励学生积极参与体育活动，通过亲身体验和实践来掌握运动技能，并在过程中培养自主学习和自我发现的能力。这种教学方法能够激发学生的学习兴趣，增加他们对体育活动的参与度。

5. 提升教学方法的多样性和灵活性

结构主义教学理念支持多样化的教学方法和策略，以适应不同学生的学习需求。在体育教学中，这意味着教师可以运用各种教学工具和方法，如模拟游戏、团队竞赛、视频分析等，来丰富教学内容，提高教学效果。

布鲁纳的结构主义教学思想在我国体育教学中的应用，促进了教学内容和方法的创新，特别是在知识理解、问题解决和元认知策略的应用上，为体育教育的深化和学生能力的全面发展提供了重要的指导。

三、建构主义学习理论

（一）建构主义学习理论的起源

建构主义的早期倡导者是古希腊哲学家苏格拉底和柏拉图，其中苏格拉底的"产婆术"是建构主义理论的一个成功例证。在现代心理学领域，瑞士心理学家让·皮亚杰被认为是建构主义理论的先驱。皮亚杰认为学习是一种自我建构的过程，强调个体思维的发展是基于儿童逐步成熟的过程，且在个体与环境的互动中，孩子们获得个体和社会经验，进而不断调整和建构其认知结构。皮亚杰特别提出了"同化"和"顺应"这两个关键过程，来描述儿童与环境的相互作用。"同化"过程是将外部环境中的信息吸收并整合入儿童现有的认知结构；而"顺应"则是当新环境提供的信息无法被现有认知结构同化时，儿童的认知结构经历重组和改变的过程。

皮亚杰的发生认识论原理在儿童认知发展领域具有划时代的意义，它不仅深刻地影响了对儿童心智成长的理解，还为当代建构主义学习理论奠定了坚实的基础。皮亚杰认为，儿童的认知发展是通过与环境的互动以及主动探索过程实现的，强调儿童是他们知识的主动建构者。他提出了儿童认知发展的几个阶段，包括感觉运动阶段、前运算阶段、具体运算阶段和形式运算阶段，每个阶段都对应着儿童认知能力的特定发展水平和特点。皮亚杰的理论突出了儿童在认知过程中的积极作用，认为儿童不是被动接受知识的容器，而是通过与周围世界的相互作用主动建构知识。这一观点对教育实践产生了深远影响，特别是在教学方法和课堂环境的设计方面。它促使教育者重视为儿童提供丰富的、能够激发探索和实验的学习环境，鼓励儿童通过实践、探索和问题解决来获得知识。此外，皮亚杰的理论还强调了儿童认知发展的阶段性特点，认为儿童在不同年龄阶段展现出不同的认知能力和理解方式。这对于教育者来说，意味着需要根据儿童的发展阶段来调整教学内容和方法，以适应他们的认知水平。

20世纪90年代，伴随着对认知心理学的批判和发展而出现的建构主义，其核心是研究学习者知识建构的机制问题。20世纪90年代末，建构主义开始进入我国教育界，但是其本身还在发展与完善阶段，我们需结合国情和校情，构建适合中国本土的教育教学改革与发展。

（二）建构主义学习理论的主要观点

1. 信息加工建构主义

信息加工建构主义是一种理论，起源于让·皮亚杰的研究，强调个体如何从其经验中学习和获得知识。这种方法专注于单个学习者的心智活动，认为学习是通过不断地整合和重塑个人体验来更新个人对世界的认识。其主要提倡为学习者建立理解的基本框架的同时，赋予他们充分的自由，去根据不同场景选择最合适的学习策略。

该学派将知识分为结构良好领域和结构不良领域。结构良好领域是指初级知识获得阶段（也称初级学习阶段），即某一知识主题的入门阶段，知识领域的问题比较规则和确定，传统教学策略比较有效；结构不良领域是指高级知识获得阶段（也称高级学习阶段），即面对深入学习带来的复杂多变的任务，不能简单套用原有的规则和解决方法，以对知识的深层理解为基础，着眼于知识的综合联系和灵活变通，建构需要经历一个不断深化的过程①。掌握知识并不

---

① Leslie P. Steffe, Jerry Gale. 教育中的建构主义 [M]. 高文，等译. 上海：华东师范大学出版社，2002：68 – 71.

仅仅取决于学习者记忆了多少内容，更重要的是知识的深度和其能否被应用到多种相关环境中。因此，教师需要使用恰当的方法来激励学生获得更深层次的知识，任务的重点是加深学生对所学知识的理解。

2. 社会建构主义

社会建构主义基本理论主要来源于列夫·维果茨基的观点。不同于认为认知发展是个体内部信息处理的建构主义观点，社会建构主义认为个体的心理发展和认知是在个体与社会互动中形成的。

维果茨基的"最近发展区"概念是他认知发展理论中非常重要的部分，也是社会建构主义中核心思想之一。该理论特别强调教育对于儿童认知发展的核心和关键作用。它认为，好的教学不应仅仅着眼于加强和练习孩子已掌握的知识，而应该旨在唤醒和培育孩子未来能够达到的认知能力。在这个过程中，教师的语言指导和同伴之间的相互帮助是从现有的发展层次向潜能发展层次过渡的关键促进因素。

从"最近发展区"理论出发，社会建构主义的教学观，更注重教师在课堂教学中鼓励学生大胆表达自己的想法，多角度多种思维方式地讨论与探讨，有助于复杂问题的解决，而教师在这个过程中，发挥着组织与协调作用。互动性强的同伴关系，有助于学生建立对知识的理解，并促进学习；当学生在有同伴互动的环境中，交换并对抗不同的观点时，这种差异性有助于推动学生学习的进程；教师的引导对提高学生的沟通和解释能力起着重要作用，增进学生互助的概率。同时，教师在课堂上使用言辞进行引导，能显著地推动学生构建知识体系。教师提出的新想法激发学生的讨论，鼓励学生进行积极思考和深入讨论，助力学生对知识进行深度解释，这一过程有利于学生有效学习。

3. 激进建构主义

激进建构主义在建构主义思潮中最为突出，它为建构主义理论确定了基本原则，使建构主义迅速发展，也最早切入教育领域，对当代的教育理论和实践影响最大。激进建构主义以冯·格拉塞斯菲尔德和弗雷德里克·斯泰尔为典型代表。这一学派认为，知识的获得是个体自我学习和探索的过程，而不是通过教师的单向灌输。基于此理念，激进建构主义批判了"学生通过教师的教授才能学习"的传统观念，并提出了一系列基于自己对知识获取和学习过程理解的教育建议。

激进建构主义认为，如果把学生视为一个认识者，那么他在生存过程和感知过程中所做的就是建构有用的概念。因此，教学的基本目标就是尽可能激励和支持这种建构的过程①。该学派认为教学内容应注重真实情境性，强调用真实与复杂的故事呈现问题，引导学生在真实与亲身经历中开始思维，串联知识，解决问题，在解决问题的过程中活化知识，进而拓展学生的思维、创新与实践的能力。同时，要注重教学内容的拓展，课程包含的不仅有知识与技能，还应有建构知识的学习任务、教材与丰富的教学资源。激进建构主义强调学生在日常生活和学习中，已形成一定的经验和背景知识，当学生学习新事物时，应以原有经验、心理结构和意识状态来感知外部信息，通过多元的方式来建构新知识。激进建构主义要求学生在课堂教学中扮演积极学习者与创造性学习者的角色，教师更应成为建构主义学习者的帮助者与促进者。这种教育观对教师的能力提出更高的要求。

---

① 刘昕. 现代国外教学思想与我国体育教学 ［M］. 北京：教育科学出版社，2011：125.

（三）建构主义教学策略

1. 以学生为中心的教学理念

建构主义学习理论强调学生作为学习过程的主体，教师的角色转变为引导者和促进者。在体育教学中，这意味着设计课程时要考虑学生的兴趣、背景和学习风格，鼓励学生主动参与和探索，以便他们能够基于自己的经验和理解构建知识。

2. 注重实践式学习

实践式学习是建构主义的核心，它强调通过实际操作和体验来促进学习。在体育课堂上，这可以通过各种运动活动、实际演练和模拟比赛来实现，使学生在实际参与中学习体育技能和战略。

3. 合作学习和小组互动

建构主义学习理论认为学习是一个社会性过程。因此，促进学生之间的合作学习和小组互动非常重要。在体育教学中，通过团队运动和小组讨论，学生可以相互学习、分享技巧，并在合作中提高自己的社交和沟通技能。

4. 注重问题解决和批判性思维

在体育教学中运用建构主义学习理论，意味着鼓励学生通过解决实际问题来发展批判性思维。例如，教师可以设置特定的体育场景问题，让学生分析情况并提出解决策略，如如何在比赛中克服对手、如何改善团队协作等。

5. 反思和自我评价

建构主义学习理论强调反思在学习过程中的重要性。体育教学中应鼓励学生对自己的学习和运动表现进行反思，通过自我评价来识别个人的强项和待提升的方面。通过口头反馈或自我评价等方式，教师引导学生学会反思与评价。

总之，建构主义学习理论在体育教学中的应用重点在于促进学生的主动学习、合作互动、个性化学习以及批判性思维的发展。通过这些策略，体育教育不仅能够提升学生的运动技能，还能促进他们的全面发展和终身学习能力。

（四）建构主义学习理论与我国体育教学

建构主义学习理论强调学生作为知识的主动建构者，这一理念在我国体育教学中得到了体现，尤其是在促进学生通过实践、探索和体验来学习体育技能和知识方面。这种理论不仅推动了我国体育教学方法的创新，也鼓励教师设计更多互动和参与式的课堂活动，从而有效提升学生的身体素质和运动技能。

1. 强调学生主体性和自主学习

建构主义学习理论认为学习是学生基于个人经验和认知结构积极构建知识的过程。在体育教学实践中，该理论促使教师由传统的知识传递者转变为促进学生自主学习的引导者。体育教学不再局限于技能的机械式训练，而是鼓励学生通过实际参与和体验，基于个人的感知和理解来掌握运动技能，从而促进了学生自主学习能力和创新思维的发展。

2. 注重学生个体差异和个性化教学

建构主义学习理论认为学生的学习建立在其个人知识基础和经验之上。在体育教育教学中，促使教师开始注重学生个体间的差异，有助于满足不同学生的特定学习需求，使体育教学变得更加有效和包容。

3. 促进合作学习和社交互动

建构主义学习理论强调知识的社会性构建，意味着在体育教学中需要增加团队合作和社交互动的机会。通过集体体育项目和小组互动，学生在合作过程中学习、共同解决问题，这有利于培养团队协作精神和社交技能，对学生的全面发展至关重要。

四、现代人本主义教育思想

（一）现代人本主义教育思想的起源

现代的人本主义教育思想起源于 14 世纪和 15 世纪兴起的文艺复兴时期，该时期的古典人本主义推动了教育理念的革新。进入 18 世纪和 19 世纪，随着新人本主义教育思想的发展，这种思想一度在教育改革与进步中扮演了领导角色。到了 20 世纪，科学主义的兴起对人本主义教育形成了挑战，使得人本主义有所衰退。在 60 年代末期，以亚伯拉·马斯洛和卡尔·罗杰斯为先锋的现代人本主义教育思想，因科学主义的某些不足而再次受到重视，以此来弥补科学主义给教育带来的负面影响。

在 18~19 世纪，随着资产阶级革命和资本主义的工业化浪潮在欧洲蔓延，教育理论也经历了一场变革。这个时期，如卢梭和裴斯泰洛齐等思想家，作为新人本主义教育运动的领军人物，呼应了社会改变的需求。他们对抗了旧有的封建文化和过时的思维，大力倡导"自由""平等"和"博爱"等理念。在教育目标方面，他们抵制贵族式的教育模式，主张教育应培养那些可以适应实际生活，全面以及和谐发展的人才。

20 世纪 60 年代结束时，人本主义教育理论得到了马斯洛、罗杰斯等人的进一步补充和完善，他们将这一思想应用到当代社会环境中，并以人本主义心理学作为其理论基石，形成了现代人本主义教育思想。

（二）现代人本主义教育思想的主要观点

自 20 世纪以来，随着资本主义生产和科学主义的迅猛发展，人们开始关注知识的实用性、精神生活的贫乏和人的异化问题。这些变化使得传统价值观、生活方式和道德准则受到挑战，催生了现代人本主义教育思想。这种思想旨在解放人们，重拾人类在世界的固有地位，对抗科学主义的教育观点。

20世纪50年代，科学主义教育理论受挫，行为主义和认知心理学引起对人本质地位的迷茫，教育工具化和学习乐趣流失等问题促使现代人本主义教育思想兴起，成为一种历史趋势。现代人本主义教育理念反映了其对当前教育实践的重要影响。

1. 教育目标：追求个体的自我实现

现代人本主义教育思想将个体的自我实现、完善人性以及达到最高境界作为教育的终极目标。个体的自我实现意味着个人在教育过程中能够全面发展，实现其全部潜能。人的学习是整体性的，涉及情感、智力、自我和环境之间的有机联系。教育者应该促进认知和情感的融合，提供创建这种整体性学习环境的机会。

个体的自我实现也包含了人格的创造性。创造性是每个人与生俱来的潜能，教育应该帮助学生发展创造性，并最终实现个体的转变、性格的改善以及全面的人格发展。培养创造性的个体是现代人本主义教育思想的核心价值所在，这样的人不畏变革，追求新事物，并享受变革过程中的乐趣。

现代人本主义教育思想强调了个体的整体性和创造性。通过培养这些特征，教育旨在培养具有积极变革意识、追求新事物并享受变革乐趣的新一代人。这个过程中，个体的自我实现和完善人性被视为教育的最终目标。

2. 课程设置：尊重学生的自主成长

在现代人本主义教育思想中，课程设置应当体现出对学生自主成长的尊重与支持。这意味着教育者需要为学生提供灵活的学习环境，鼓励他们主动探索、发现和建构知识，而不是简单地灌输信息。课程应该关注学生的兴趣、需求和个体差异，以促进其综合发展和自我实现。教学活动应当激发学生的好奇心和学习动机，引导他们参与实际问题的探索和解决，从而激发其创造性和批判性思维能力。

课程设置也应该注重学生的情感与社会发展，鼓励他们培养积极的情感态度、合作精神和社交能力，以及独立思考和解决问题的能力。通过这样的课程设置，教育可以更好地满足学生个体的成长需求，促进其全面发展和自我实现，从而使教育具有更加深远的意义。

3. 教学方法：尊重学生的情感体验

现代人本主义教育者强调教育应以学生为中心，重视学生的情感体验和个性化发展。教学活动鼓励学生通过亲身体验探索自我，学习宽容和尊重他人。学校应提供积极的社交环境，教师则应以真诚和理解的态度对待学生。

现代人本主义教育理念与古典和新人本主义教育思想紧密相关，都将个人放在教育的核心。不同的是，现代人本主义主要对抗"科学主义"。它在促进学生个性独立、尊重学生主体性、限制教师权威主义、培养创新能力和重视非理性因素方面展现了前瞻性，与科学主义构成教育发展中的两大主要思想流派。然而，现代人本主义教育思想也有局限性，如倾向于理想化和唯心主义，过分强调个人主义，有时候甚至呈现出反科学态度。这在一定程度上限制了其对教育价值的深层次理解，并偏离了人本主义教育所倡导的理性传统。

科学主义强调科技和经济价值的重要性，与现代社会发展高度一致。但随着对教育价值多样性的认识加深，人本主义和科学主义开始融合，形成了"科学人本主义"这一概念。科学人本主义追求科学与人道的共同信念，寻求社会需求与个人需求、理智与情感发展之间的平衡。

（三）现代人本主义教育思想对我国学校体育的启示

1. 重视学生个体差异和自我实现

人本主义教育理论强调每个学生的独特性和个体差异，主张教育应促进每个学生的自我实现和全人发展。在学校体育教学中，这意味着教育不仅是传授运动技能，而是应关注学生的个性、兴趣和情感需求，提供支持学生自我发展和自我表达的环境。

2. "以学生为中心"的教学理念

人本主义教育理论倡导学生为中心的教学理念，强调教师应作为学生学习过程中的引导者和支持者。在学校体育中，这种方法鼓励教师采用更加灵活和响应性的教学策略，例如，通过项目式学习、小组讨论和自主选择活动等，让学生在体育学习中享有更多的选择权和自主性。

3. 注重情感教育和心理健康

人本主义教育理论强调情感教育的重要性和学生的心理健康。在学校体育教学中，这意味着除了传授体育知识和技能，教育者还应关注学生的情感体验和心理状态，通过体育活动促进学生的情感表达和心理健康。

4. 培养自我意识和自我反思能力

人本主义教育理论提倡学生的自我意识和自我反思。在学校体育教学中，可以通过反思日志、自我评估和自我挑战等方式，鼓励学生对自己的体育学习、身体健康和运动表现进行反思，从而提高他们的自我意识和自我调节能力。

总而言之，现代人本主义教育思想对我国学校体育的主要启示在于重视学生的个体差异和自我实现，实施以学生中心的教学理念，关注情感教育和心理健康，培养学生的自我意识和自我反思能力，以及促进学生的全面平衡发展。

第二节

我国学校体育的重要教育思想

　　1862 年京师同文馆的成立标志着以西学为主的新式学堂在中国诞生。甲午战争后，受维新派影响，中国兴起新式学校浪潮，包括京师大学堂的建立。1901 年，清朝政府实行"新政"，倡导取消科举制度，转向推广正规学校教育。1904 年颁布的《奏定学堂章程》是中国近现代史上首个教育制度，正式肯定了体育教育，并认可其在培养全面发展人才中的关键作用。这将西方现代体育从军事领域引入学校，在中国近代体育史上是一个根本性的转折。

一、强国强种的学校体育思想

　　晚清时期，中国人强种强国的体育思想起源于对西洋体操的初步认识，特别在戊戌变法运动中得到深化。康有为等资产阶级维新派领导者认识到体育不仅有军事上的作用，还对国家和民族利益具有重要影响。他们将西洋体操引进学校教育，促成了《奏定学堂章程》的诞生，这是中国历史上第一个全国性、正式的学校制度，直至 1911 年清朝灭亡。

　　康有为特别重视教育改革，主张废除八股并提出德育、智育、体育的教育理念。在《大同书》中，他强调儿童教育应以养体为主，小学教育以养身健乐为主，中学阶段则在养体和开智的基础上加强育德，大学则重视体操，强筋骸。康有为的这些观点强调了体育在教育各阶段中的重要性，并与新时代学校教育的指导思想相吻合。

严复从甲午战争的失败中总结出国家强弱存亡的三大要素：血气体力、聪明智虑、德行仁义。他认为，中国教育偏重于德育，而忽视了体育和智育。在他管理的北洋水师学堂中，体育教学内容丰富，包括击剑、拳击、哑铃等运动，体现了他对民德、民智、民力三者平衡发展的重视。

晚清时期学校体育以封建理念的"忠君、爱国"为主导思想，教学内容主要围绕兵式体操，强调机械性遵从和统一，缺乏现代西方体育娱乐项目。此外，体育教师素质普遍不足，许多老式军人担任教师。然而，清末"新政"下各种"学堂章程"的颁布，最终确认了体育在学校教育中的地位，成为教育改革的重要里程碑。这些改革不仅适用于男子学校，女子学校也被要求开设体育课程。此举为体育教育在学校中的正式发展奠定了基础，打破了对教学内容和体育地位的先前限制，开启了新的教育范式。

晚清时期体育教育的发展不仅反映了当时社会对强身保卫国家理念的追求，也预示着教育的现代化和多元化。尽管存在诸多局限性和挑战，如教学内容的单一性和教师素质不足，但改革的推进展现了中国教育的逐步转型和发展，对后来的教育改革产生了深远影响。

二、"三基"的学校体育思想

新中国成立前，近 30 年时间我国的体育理论、方法和作风都是以美国作为参考的。1953 年，毛泽东主席提出了"学习苏联""加强抗美援朝的战争"以及"反对官僚主义"。全国政协一届四次会议将向苏联学习推向了高峰。1956 年，我国颁布了第一套《中小学体育教学大纲》，这标志着苏联"三基"体育思想对我国体育教育的影响已见成效。①

"三基"体育思想强调对学生体育基本知识、基本技术、基本技能的传授。体育教学需遵循认识的一般规律和动作技能学习的规律，更要重视学生的心理状况和生理规律。教师须遵守这样的规律才能有效的完成教学任务，提高教学质量与教学效果。体育教学过程的主要任务是传授体育基础知识和提高学生的认识能力。在"三基"体育思想的学习与掌握中，重在强调教学的规范化，教学任务明确，教学目标清晰，更有利于系统化的学习。因为它过于强调体育知识、体育技术与体育技能的掌握，在课堂中，会大幅减少学生在体育课堂中体育锻炼的时间，妨碍了体育课在锻炼身体与促进健康方面的作用。

在教学特征方面，体育课与其他文化课程之间有明显的差异，无法将两者完全等同对待。"三基"体育思想是在马克思提倡人的全面发展理论、生物科学和教育科学知识的基础上形成的。该理念主张通过体育运动实现学生德智体全面发展，经过系统的学校体育技能训练和锻炼，最后实现学生体质的持续提高、共产主义思想道德的培养以及为社会主义生产和国防建设做贡献的目标。

在对"三基"体育理念的系统研究和掌握过程中，虽然通过规范化的基础教学对学生的体质产生了积极改善，然而它过分关注运动技术和技能的掌握，导致在教学过程中强调运动目标与手段的结合。过分追求技能的掌握而忽略了学生的心理变化，使得学生在体育学习中变得像机械一样，从而限制了学生个性的展示。

在教学过程中，教师和教学内容成为了核心，过于关注社会需求，这导致学校体育具有明显的社会价值导向。在"三基"体育理

---

① 方海容. 中国学校体育教育指导思想演变的研究 [D]. 长沙：湖南师范大学，2014：18.

念中，体育仅被视为教育的一种手段，在实际操作过程中，严重忽视了学生个性化需求以及他们在教学过程中的自主学习能力。

三、"普及与提高相结合"的体育思想

1956 年，中国共产党第八次全国代表大会的召开标志着党对中国社会主义建设道路的探索取得初步成果。这一时期，社会主义革命和建设的热潮席卷全国，人民群众和党员的积极性达到高峰。特别是在体育领域，经过探索和实践，1959 年正式确立了"普及与提高相结合"的发展方针。

在 1956 年至 1957 年春，体育界在宽松的政治气氛和振奋人心的社会氛围中显示出活力，体育思想和理论的讨论异常活跃。但随后的"大跃进"运动和"反右倾"运动给体育领域带来挑战。应对这些挑战，体育界根据"调整、巩固、充实、提高"的方针进行必要调整。最终，中国体育领域在不断吸取教训的基础上，形成了一套符合国情的发展模式和指导思想。

（一）"普及与提高相结合"思想的由来

从中华人民共和国成立至 1952 年第 15 届赫尔辛基奥运会前，我国体育工作主导理念是推动大众体育普及和常态化。参加第 15 届奥运会后，我国开始意识到提高运动技术水平对于国际声望的重要性，并强调运动技术的提升。1952 年 6 月，毛泽东题写"发展体育运动，增强人民体质"，为新中国体育工作指明了前进方向，体育工作重视在普及基础上提高技术水平。

"普及与提高相结合"的方针最初于 1940 年由八路军 120 师师长贺龙提出，并在《体育训令》中强调体育普及与水平提升的结合。1942 年，毛泽东同志在《延安文艺座谈会上的讲话》中，完

整系统地阐述了普及与提高的关系，具有普遍指导意义。① 这一讲话为体育工作提供了方向，促使延安体育界贯彻了这一方针，提出体育的大众化、民族化、生活化与经常化。这些发展和需求促成了"普及与提高相结合"方针的正式形成。

（二）"普及与提高相结合"内涵的演变

"普及与提高相结合"的体育工作方针在中国不断演变，适应体育事业发展需求。其理念日益丰富且与社会发展需求相匹配，在理论和实践中得到广泛应用和完善。

1. 界定范围的"提高"

1952 年参加第 15 届赫尔辛基奥运会之后，如何提高中国运动员的技术水平成为一个紧要议题。中共中央组织部和共青团中央发布了重要的通知，强调选拔和集中培养优秀运动员的策略，并将体育竞技与国家地位挂钩，以体现"提高"竞技水平的重要性。然而，这种提升是有条件的，"在适当范围内"，这表明发展高水平竞技体育与推广群众体育活动应有所区别，避免为少数人服务的资产阶级锦标主义。

在新中国成立初期的背景下，给"提高"设置限制被认为是合理的，因为无限制的追求竞技成绩可能会偏离增强人民体质的主要目的，并且与普通大众的体育活动产生脱节。这种做法的必然性在于，在当时普及和常态化体育活动正处在发展之中，如过分强调竞技成绩的提高有可能失去群众基础。因此，在"适当范围内"的提高，既能保证资源分配，又能维持清晰的政治思想方向。

2. 普及的基础上提高

在 1954 年，我国体育工作从强调"普及与提高相结合"逐渐

---

① 傅砚农，曹守和，赵玉梅，苏肖晴. 中国体育思想史（现代卷）［M］. 北京：首都师范大学出版社，2008：50.

转向强调在群众体育基础上抓提高工作。中央体委的报告规定了优秀运动队在国内要推动、提高群众体育运动水平。到了 1955 年，体委要求加强竞赛活动，通过竞赛活动普及群众性体育运动，发现、培养优秀运动员，并逐步走向制度化。到 1959 年，对全运会提出的任务中，强调了运动会要推动群众体育运动的发展，并将体育运动的提高和普及密切结合起来。然而，从 1956 年至 1959 年，体育工作者逐渐认识到"提高"的重要性超过了"普及"，这一认识在体育工作者的座谈会中得到反映。在具体工作中，"提高"受到更多重视，而对普及性群众体育的关注相对较少。在认识和观念上，"提高"逐渐成为该时期体育工作的重点。

3. 普及与提高成为体育工作的两个方面

1960 年，中国国家体委提出"调查、巩固、充实、提高"的八字方针，纠正"大跃进"中的不实指标，并引领体育工作经历重大观念转变。1962 年，国家体委调整工作重点，专注于提高运动员水平，特别是优秀运动队的建设。省级体委着重运动训练，而地方体委负责群众体育。

优秀运动员的培养成为关键，通过从业余体育中选拔人才，并重视青少年训练。竞赛目标也调整为提高技术水平，而不仅仅是推广群众体育。这些变化导致"普及"与"提高"分离，形成了专业与业余、竞技与群众体育的两大主体，任务上分为提高运动技术与增强人民体质等方面。20 世纪 80 年代后，"普及"成为培养后备人才的代名词，为"提高"提供基础。

这一思想对学校体育产生深远影响，包括：一是强调"普及"体育，为所有学生提供平等参与机会，不限于优秀运动员，而是让所有学生参与和享受体育活动，培养身体素质，使体育成为学业生活的一部分；二是"提高"体育，通过专业培训和高水平竞技活动，培养优秀运动员和领袖，提升学校体育水平；三是普及体育鼓励学生养成良好运动习惯，维持终身健康；四是提高体育水平激发学生对复杂运动的兴趣，为终身体育活动打下基础；五是促进学校文化和精神形成，体育成为校园文化重要组成部分，通过普及与提高相结合，建立积极团结的体育文化，为学生提供塑造身份和校园精神的机会。

四、"增强体质为主" 的学校体育思想

"文化大革命"结束后，中国开始重建各方面秩序，重新认可和重视新中国成立初期 17 年的教育成果。在这背景下，学校体育经历了全面调整和恢复，逐步确立了"以增强体质为主"的教学理念，在中国学校体育发展中起到了重要作用。

（一）"增强体质为主" 的提出背景

1976 年 10 月 "四人帮" 被推翻后，中国开始政治整顿。尽管"两个凡是"思潮仍限制思想自由，但至 1978 年党的十一届三中全会召开，这一局面得到改变。会议批判了"两个凡是"，提出"解放思想、实事求是"的方针，带来教育系统的重要调整和改革。

"文化大革命"期间，学校体育受损严重，体育教学大纲被废弃，教育秩序和师资力量受影响，学生体质普遍下降。为应对这些问题，教育领域加强体育和卫生工作，推广《国家体育锻炼标准》，普及体育活动，恢复和建立规章制度，修订教材，纠正心理学和教育理念上的错误。

1978 年 3 月，《中华人民共和国宪法》第 13 条规定教育要全面发展。同年 4 月，教育部、国家体委、卫生部联合发布通知加强学校体育、卫生工作。同年 5 月，国务院强调学校体育工作重要性，关注青少年健康成长。同时，学术讨论活跃，提供了学校体育

工作发展的理论基础。

（二）"增强体质为主"的提出过程

1978 年，中国教育部发布《全日制十年制学校小学体育教学大纲》和《全日制十年制学校中学体育教学大纲》，纠正了体育教育中"以劳代体"和"以军代体"的误区，强调增强学生体质为主，构建了新体育教学大纲，对体育教学恢复和发展起到积极作用。大纲明确了体育教学的三大目标：增强体质、培养知识技能和塑造思想品德，特别强调以增强体质为准则。

1978 年 4 月，教育部、国家体委和卫生部门推动实施《国家体育锻炼标准》，鼓励群众性体育活动。1979 年举行全国学校体育卫生工作经验交流会，强调"增强体质为主"的理念，确保学校体育卫生工作质量。1979 年 10 月，教育部与国家体委发布《中小学体育工作暂行规定》和《高等学校体育工作暂行规定》，明确学校体育的任务和标准，标志着学校体育工作的法治化和制度化。

1980 年开始全面实施这些暂行这两个规定。1982 年 10 月，教育部长何东昌重申"健康第一"原则。1983 年，教育部在西安召开会议，强调增强学生体质和健康水平为学校体育教育的根本任务，提出"四个为主"的指导思想，标志着"增强体质为主"的学校体育思想的正式确立。

（三）"增强体质为主"的初步实施

自 1978 年，我国确立"增强体质为主"的学校体育思想后，学校体育迎来新发展。当年，全国 443950 所学校坚持两课、两操、两活动，推广《国家体育锻炼标准》，一些地区如河南和广西等地积极组织体育活动，并培养了骨干人才。1979～1980 年，我国首次进行了全面学校体育科学研究，为未来改革提供重要参考。1982

年，教育部确保学生每日一小时体育活动，国家体委更新《国家体育锻炼标准》。学校体育活动得到加强，强调简化教学内容，注重身体锻炼，体育教材独立成体系，课程设计考虑锻炼效果。

然而，1984 年至 1985 年全国体质与健康调查表明，学生体质和健康状况未达预期，存在体形偏细长、体重不足、视力不良等问题。这反映了学校体育对学生体质增强效果有限。导致这一情况的原因多元。第一，传统"知识、技能为主"的体育教学思想与"增强体质为主"并行，导致理念混淆。尽管"增强体质"在 20 世纪 70 年代末至 80 年代初占据主导，但传统观念仍有影响。第二，个体体质提升涉及遗传、营养、睡眠、运动负荷等多因素，非单一学校体育所能解决。第三，对"发展体育运动、增强人民体质"的机械理解忽略了体育的多重功能和不同年龄需求差异。

因此，学校体育的定位在实际操作中引发争论，并推动学校体育思想的深入探讨与发展。学校体育不仅要关注身体锻炼，还要考虑全面发展，包括情感、社会化等多方面。这一深刻讨论促进了学校体育理念的持续进步和改革。

第三节

21 世纪学校体育教育理念的发展

一、"健康第一"教育理念

（一）"健康第一"体育教育理念的提出

1999 年 6 月，中共中央和国务院在《关于深化教育改革全面推进素质教育的决定》中强调了"健康第一"的学校教育指导思想，将其置于优先考虑位置。这一原则早在 1950 年由毛泽东提出，响应学生体质下降和学习负担过重的问题。1999 年的文件重申"健康第一"，面对新时期学生健康的挑战，再次强调这一理念作为当代学校教育的核心。体育教育，作为教育的重要组成部分，自然采纳了"健康第一"的指导原则，这一理念随时间深入人心，成为指导学生学习和全面发展的基本原则。

2006 年 12 月，教育部和国家体育总局在《关于进一步加强平校体育工作切实提高学生健康素质的意见》中规定："学生的学习、生活、体育、娱乐课外活动和休息的安排，都要按照健康第一的指导思想和青少年生长发育的规律进行。"① 该文件认识到体育活动在增强体质、塑造品德、提升民族精神和启迪智慧等方面的重要性，并强调学校体育在执行教育方针、提高青少年综合素质、展现民族精神方面的关键作用，进一步推动了"健康第一"的体育教育理念。

2013 年 8 月，习近平总书记会见全国群众体育先进单位和先进个人代表等时强调，全民健身是全体人民增强体魄、健康生活的基础和保障，人民身体健康是全面建成小康社会的重要内涵，是每一个人成长和实现幸福生活的重要基础。习近平总书记从推动人的全面发展和社会全面进步角度充分挖掘全民健身的社会价值和综合作用。② 这为中国体育教育的改革与发展指明了方向，为深入理解体育教学工作的重要性提供了关键性指导。

（二）"健康第一"体育教育理念的主要内容

1. "健康第一"是体育教学工作的核心

人的行动受其思想观念的驱动，而这一观念是决定个体生存和

---

① 教育部，国家体育总局. 关于进一步加强学校体育工作，切实提高学生健康素质的意见 [J]. 中国学校体育，2007 (1).

② 如何实现全民健康 习近平这样说 [EB/OL]. (2013 – 08 – 31). http：//politics. people. com. cn/n1/2016/0827/c1001_28670481. html.

进步的关键。一个积极的思想视角能孕育充满活力的未来。教师在这个过程中扮演了重要的角色，他们须剥离传统的竞技体育观念，不断学习和自我提升以适应不断变化的社会。教师应成为改变传统观念的先行者，确保教学实践中一切有益于学生身体健康发展和体质提升的做法得到积极采纳。在该理念的引领下，教师应致力于向学生传授体育基础理论、运动技术和锻炼方法，帮助他们掌握熟练的运动技能和健康的体育运动习惯。同时，能科学推动学生的身体健康发展，有效增强体能和运动技能。

2. "健康第一"为学生发展指明方向

"健康第一"的教育理念不只关注短期体育成绩，而是着眼于培养学生的长期、全面健康。这包括身体、心理、社交和情感健康，旨在提供一个全面发展框架，鼓励学生在各方面实现平衡与发展。这一理念不仅强调体育锻炼和体质健康，也涵盖了身体结构、饮食、心理健康的相关知识，帮助学生更好地理解和管理自身健康。

健康不仅是身体的状态，还包括心理层面。通过体育教学过程中的鼓励与引导，帮助学生建立积极心态、自我接纳和情感平衡，让学生可以更好地处理压力、情绪和人际关系，从而促进心理健康。此外，团队合作的强调培养学生的社交能力和团队精神，有助于他们适应社会生活。整个教育体系需要将"健康第一"融入其中，包括课堂教学、学校文化和家庭参与，形成一个促进全人健康发展的教育环境。

3. "健康第一"是体育教学内容与实施的指南

"健康第一"作为体育教学的指导思想，要求教学内容从传统的技术技能转变为以促进学生身体健康为重点，注重健康、娱乐、终身性和实用性。体育课程包括各种运动形式和活动，如游戏、健身操、武术和球类运动，旨在培养学生的竞争意识、合作精神和毅力。

　　教学方法和组织形式采用多模式的分层教学，根据学生的身体素质、认知结构和体育经验设计分层次的教学计划。这种方法调动学生的积极性，确保所有学生都能参与并从中受益。分层教学强调以人为本，考虑学生的整体共性和个体差异，运用灵活的教学方式和方法，使每个学生都能在体育课程中得到提高和发展。这种教学旨在促进学生身体健康的全面发展，实现整体教育目标。

二、"终身体育"教育理念

（一）终身体育的基本概念

　　终身体育反映的是人的思想意识观念。这一理念强调在个体漫长的人生旅程中，持续地接受教育和科学文化知识的熏陶，通过不断参与体育运动来强化自身。在日常的生活、工作和学习中，倡导以积极的心态追求阳光的生活理念。终身体育的理念是一种新的学习观念，它融入人的整个学习生涯，符合未来社会发展的需求，成为提高个体核心竞争力、拓宽人生知识面的不可或缺的环节。这意味着个体通过持续学习和参与体育活动，不仅能够培养自己的综合素养，还能以积极的心态面对生活的方方面面，实现更全面积极的人生追求。

（二）终身体育的参与特征

　　终身体育强调个体在整个生命周期中持续参与体育活动以促进身体健康、社交互动和全面的发展。它不仅包括体育运动，还包括任何形式的身体活动，可以改善公众健康，减少由久坐和缺乏活动导致的慢性疾病风险，并为个人提供一种持续的身心健康管理方式，旨在提高生活质量，增强身体健康，促进社会互动和心理福祉。

1. 跨越生命周期的参与理念

终身体育理念强调个体在其生命各个阶段都应积极参与适宜的体育活动，倡导将体育锻炼作为持续的生活习惯。这一理念涵盖了从儿童到老年人的不同年龄群体，促使每个人根据自身的身体条件和兴趣选择合适的运动项目，从而使体育活动成为生命历程中不可或缺的一部分。终身体育不仅是青少年时期的活动，而且是一种遍及整个生命周期的持久生活方式。

终身体育的核心在于将体育活动融入日常生活中，并持续培养健康的生活方式。这种方法有助于确保个体长期参与体育活动，而不是将其视为暂时的努力或一时的趋势。此外，终身体育还强调在锻炼和休息之间实现平衡，这意味着在保持持续的体育活动的同时，也要给予身体充足的恢复时间，以促进长期的身体健康和降低运动相关伤害的风险。

2. 终身体育参与的多样性和差异性

终身体育参与展现出显著的多样性和差异性，这些差异在生命周期的不同阶段有不同的表现。首先，在参与运动类型上，儿童时期体育活动多样化，不受固定模式约束。进入学校后，性别差异开始显现，男生偏向激烈竞技运动，女生则倾向于优美、节奏感强的活动。对于职业人士而言，他们的体育活动选择更加多样，受工作环境和个人偏好影响。其次，运动强度的个体差异也是一个重要方面。青年和中年人更倾向于高强度运动，而中老年人则偏好温和、轻松的运动项目。此外，不同生命阶段的体育参与者在动机上也存在差异。动机可能是竞技、社交、保健或缓解压力等，这些动机因个体的年龄、生活阶段和个人差异而有所不同。

这些差异揭示了终身体育参与在不同阶段或个体之间的独特多

样性，体现在体育活动的内容、强度和动机选择上。

3. 终身体育参与中的自主性与主动性

参与者可以根据个人兴趣、偏好和身体状况自由选择体育项目。他们有权自主控制参与体育活动的频率和强度，以适应个人时间安排和身体需求。这种自主性不仅体现在选择运动量和强度上，还体现在设定个人运动目标上，如提高体能、减轻体重或促进健康。

终身体育不限于个人锻炼，还包括社交性体育活动。参与者可以选择加入团队运动或社交体育活动，体现出在社交运动中的主动参与。除了自主选择运动项目和参与方式，参与者还表现出对学习和提高技能的积极追求。他们可能会寻求专业指导、参加培训课程，以进一步提升技能和完善自我。

总而言之，终身体育的参与者通过自主选择运动项目、设定个人目标、积极参与社交性体育活动以及主动学习和提高技能，展现了在体育活动中的自主性和主动性。这使得个体能够根据自身需求和愿望参与体育活动，并在整个过程中发挥自主决策和主动努力的能力。

4. 促进全面健康的关键途径

终身体育的核心目标是通过体育活动促进身心健康。它强调运动对心肺功能提升、增强肌肉力量、维持健康体重及降低慢性疾病风险的重要性，同时也对心理健康有积极作用。终身体育涵盖心血管、骨骼和心理健康等多个方面，通过参与体育活动来提升整体健康状况。

此外，终身体育还推广健康教育，帮助人们理解运动的益处，并提供关于适度运动、健康饮食和生活方式的知识。它被认为是预防和管理慢性疾病的有效途径，特别强调运动在疾病预防和管理中的作用。终身体育倡导制订个性化的运动计划，选择适当的运动强度、频率和类型，以满足个人的健康需求。

（三）终身体育的内容

1. 健身运动

体育运动不仅仅局限在竞技场上运动员的紧张角逐，它同样深入广大人民群众的日常锻炼之中。以提高体质和促进健康为宗旨，开展各式各样的体育活动，这些活动不只强身健体，还在不知不觉中雕琢和构建我们的性格特质。进一步而言，体育运动还对我们的工作和日常生活产生了积极的效益，例如提升学习能力、给生活增添色彩、锻炼决策判断力、提升分辨能力以及增强思维敏捷性等。为了不同年龄段人群有更好的锻炼体验，有不同的体育运动推荐标准。对青少年而言，适合的运动项目包括田径、体操、篮球、乒乓球和羽毛球等。对于中老年群体，鉴于身体机能可能会有所下降，建议以步行、做简单体操、打太极、练习气功或慢跑等较为温和的活动为主。

2. 娱乐体育

娱乐体育致力于为人们提供愉快、健康的休闲时光，是一种充满娱乐色彩的体育活动，旨在丰富文化生活。这类体育活动的多样性受到了广泛的欢迎，因为它们不仅让人们在日常生活中感到愉悦，同时也为身体素质的提升提供了有趣的途径。

娱乐体育的活动范围广泛，包括大家喜爱的跑步、跳绳、打球、跳舞等。这些活动不仅适合大多数人参与，而且能够在锻炼身体的同时放松心情。除了这些常见的体育活动，还有一系列富有创意和娱乐性的项目，比如放风筝、跳皮筋、郊游、狩猎、荡秋千等，它们也是娱乐体育多彩多样的表现形式。

3. 矫正与康复锻炼

人们在生活中常因错误的身体姿势、运动与生活方式，导致一定的亚健康状态，旨在纠正身体姿势问题、改善身体功能以及帮助康复从疾病、手术或损伤中恢复。这些锻炼不仅有助于增强身体的稳定性和功能，还可以提高个体对特定运动或活动的适应性。

针对常见的姿势问题，如驼背、圆肩等，设计特定的锻炼来加强相关的肌肉群，帮助调整和改善姿势。在体育运动中，强调核心肌群的锻炼，以增加腹部和腰部肌肉的力量，提高身体的稳定性，有助于纠正不良姿势。通过特定的伸展和关节活动度锻炼，帮助改善关节的灵活性，减少僵硬感，对于关节问题的康复具有积极作用。针对患有特定健康问题或正在康复的个体，设计适当的运动计划，以协助康复过程，如有氧运动、康复性瑜伽等。

三、"以人为本"教育理念

（一）"以人为本"的基本内涵

科学发展观以"以人为本"作为其核心理念，这同时也是一切发展活动的起点。这理念的基本内涵可概括为以下两个方面：

首先，要深刻认识到人与人之间存在着多样性，应当尊重个体之间的差异。就像世界上没有两片完全相同的叶子一样，每个人都是独特的个体，受到不同环境、群体和教育的影响而呈现出差异。重要的是要看到每个人的独特价值，学会欣赏每个人的特质和贡献。

其次，要高度重视人权，关注人的生存与发展。我国宪法修正案中强调的"国家尊重和保障人权"，这表明人权即是人生存和发展的基本权利。将以人为本的理念具体化就是要充分肯定每个人的价值，满足他们的物质和精神需求，确保每个人都有自由、全面的发展机会。

这一理念的核心在于将人的尊严、权利置于发展的核心位置，以确保社会发展的过程更加公正、包容，使每个个体都能够充分参与并分享发展的成果。

（二）以人为本的重要内容——重视学生个体差异

1. "以人为本"的概念

以人为本所强调的尊重个体差异，涵盖了个体在认知、情感以及人生追求等方面所展现出的差异，这些差异是人们固有且相对稳定的特征。在体育教学中，学生的个体差异可以分为内在和外在两个方面。外在差异指的是外貌方面的差异，例如身高、体型、四肢长度等；而内在差异则指的是心理和情感特质，如精神状态、气质以及意志力等。

2. 个体生理差异

大学生处于生理机能的黄金时期，骨骼发育基本完成，身体成熟，肌肉力量和耐力达到顶峰，非常适合进行高强度和力量型运动。心血管系统运作高效，心脏功能强大，血液循环效率高，支持长时间和高强度的体育活动。呼吸系统也表现出优异的氧气交换能力，有助于有氧和无氧运动的进行。神经系统的稳定和协调性使得大学生在运动中展现出良好的协调性和反应速度，特别适合技巧性和策略性运动。内分泌系统的平衡有利于身体各项功能的正常运作，提升体育表现。大学生的生理特点使他们能够适应各种类型的体育活动，但同时也需要注意生活习惯、饮食、休息的平衡以及避免过度训练和运动伤害，确保身体健康和运动表现的持续优化。

3. 个体心理差异

（1）个体需要方面

由于个体之间存在差异，他们在不同的生活环境、知识水平和年龄阶段都表现出各种各样的需求。在儿童时期，人们渴望建立更多的友谊关系；而在青少年时期，他们追求异性的关注；到了成年后，则追求财富和社会地位的提升。总体而言，人类的需求是多元化且极为复杂的。

美国心理学家马斯洛提出的需要层次理论进一步解释了这种多样性，该理论将人的需求划分为五个层次，从基本的生理需求、安全需求，到更高级的社会需求、尊重需求，最终达到自我实现的需求。这一层次结构简洁地概括了人的整体发展过程，强调了需求的逐渐升级和满足对个体全面发展的重要性。

（2）个体动机方面

深层次的个人动机激励着人的行为，而在体育学习中，这一现象同样显著。学生学习体育的动机可分为两个方面：一方面是生理性动机，即学生对体育的固有兴趣和热爱，这种倾向自然而然地驱使他们渴望积极参与体育活动；另一方面是社会性动机，其来源十分广泛，具有一定的目标导向。这或许包含追求提高体育成绩的需求，也可能是追求社交和友谊的愿望。一旦形成这种社会性动机，并与个体的生理性动机相结合，对学生而言，将充分调动学习的积极性，加强体育锻炼，从而提升身体素质。

（3）个体兴趣方面

兴趣是个体对某活动、主题或领域产生的浓厚喜爱和特别关注，体现为积极情感状态、好奇心、愉悦感和投入程度。兴趣的形成受多方面因素影响，包括生物学、心理学和社会学层面。例如，儿童时期的兴趣可能受家庭环境影响，而青少年的兴趣则受同龄人和社会环境影响。尽管受多重因素影响，兴趣表现出相对稳定性，与个体性格紧密相关。例如，喜欢户外活动的年轻人可能选择远足或冲浪，但难以转变为喜欢室内活动。

（4）个体能力方面

在当今社会，尽管人们普遍追求成为具有影响力、权利和财富的成功者，但常被忽视的是人与人之间的能力差异。这些差异源于遗传、成长环境和文化水平等多种因素。能力分为天生的一般能力和后天培养的特殊能力，如观察力、学习力、美术、体育和舞蹈等。虽然遗传对个体能力有重要影响，但后天努力是提升能力的关键。例如，软件工程师通过学习新技术和参与项目提升编码效率，作家则通过阅读和写作实践增强创造性思维和叙事技巧。

个体能力的差异在质和量两方面体现。一方面，遗传和成长环境导致人们具有独特的能力；另一方面，即使进行相同活动，不同个体也可能展现出不同水平的能力。这种差异在能力发展水平和表现时间上尤为明显。因此，我们应该认识并重视这些个体差异，以更全面的视角看待人们在追求成功的过程中展现出的多样化能力。

（5）个体性格方面

个体的性格是指一个人的性情、品格和气质，涉及个体的情感、行为和思维方式，这与个人的气质紧密关联。内向型个体往往呈现出黏液质与抑郁质的特质，而外向型个体则更倾向于多血质与胆汁质。然而，人的性格构成实则相当复杂，并不能仅通过内向和外向这样简单的二元对立来全面刻画。

比如，内向倾向的学生往往展现出更多的冷静和沉着，在面对问题时能够独立思考，形成自己的见解。不过，这样的性格可能会伴随着某种程度的自我怀疑，缺乏那份果敢和自信，有时导致在自我评估时过于严苛。而具有外向特质的学生，通常表现得更为活泼开朗，他们在社交场合中容易受到注意，并且能够以其热情和活力吸引他人，但这种性格类型在恒心和毅力方面不如内向型的个体，特别是在需要长期持续注意和专注的情境下更为显著。

第三章

高校体育教学的现状分析与对策

第一节

高校体育教学的现状分析

进入 21 世纪以来，我国正在积极推动体育教学改革，旨在突破以竞技运动为核心的传统教育模式，摒弃仅以运动成绩为导向的教学体系。体育教学改革的核心理念是注入人本主义的精神，推崇身心健康、娱乐与竞技并重的多元体育发展路径。在这一理念指引下，结合一系列富有成效的尝试，体育教学改革已见成效，但中国步入新时代，对于人才综合素质道德发展提出了更高的要求——认知、技能和素养的全面提升。现在的教育现状还存在一定的差距，在发展的过程中出现了许多问题，同时，其在一定程度上限制了教学改革的步伐和效果。

因此，我国体育教学正走到发展的道路上，且道路漫长并充满挑战。为了有效推进体育教学的改革与发展，必须基于当前体育教学的实际情况进行具体分析，目前我国高校体育教学的现状主要表现在以下七个方面。

一、传统学校体育思想占主导地位

中国教育体系深植于丰富的历史文化土壤，长期以来坚持"教书育人"的核心价值观。这一植根于传统文化的教育理念至今仍深深影响着中国的教育思想和实践。然而，随着社会发展的加速和全球化进程的深入，现代教育理念与传统教育思想之间出现了显著的分歧。这种分歧表现为坚守传统教育理念可能会阻碍中国教育现代化的步伐，进而影响到国家在国际竞争中的地位和实力。

在中国的高等教育体系中，体育教学传统上遵循"增强体质"为核心的教育理念。虽然这一思想在一定程度上合理，但在现代教育理念下，更加强调全面培养学生的核心素养，包括道德、智力、体育、美育和劳动教育等方面。与单一强调身体素质的传统体育教育相比，现代教育理念下的素质教育更加全面，更符合当今社会对人才的综合需求。

在中国高校体育教学的实践中，传统观念可能导致对全面培养学生的"德、智、体、美、劳"五个方面的目标被忽视。教学过程中过分强调身体素质的提升，而忽略了在道德、智力、美育和劳动教育等方面的培养。这种片面的教学方法不利于学生全面素质的培养，也无法满足现代社会对多元化、综合型人才的需求。

中国高校体育教学存在着从传统观念向现代教育理念转变的挑战。这种差异不仅体现在教学目标和内容上，也反映在教学方法和人才培养模式上。因此，中国高校体育教学需要积极适应时代的发展，将传统与现代相融合，以更好地满足社会和学生的需求。

二、体育教学目标缺乏准确性

高校体育教学目标的确立尚存在一定程度的模糊性和不准确性，尤其表现在几个关键方面。尽管高校体育教育的总体目标是全面的人才培养，但实际教学实践中往往过分偏重于提高学生的身体素质，而忽视了对学生全面素质的培养。

具体而言，这种目标定位的不准确性主要体现在两个方面：一是在教学过程中过分强调运动技能的训练，而忽略了对学生运动创造性和个性化发展的激励。这种偏向导致体育教学在内容上过于单一，不能充分满足学生多样化和个性化的需求。二是在体育课程设置上，普遍缺乏针对不同专业学生特点进行的差异化安排。这种一刀切的课程设置方法未能考虑到学生的个体差异，如专业特点、兴趣爱好和身体条件等，从而影响了体育教育的个性化和有效性。

综上所述，目前我国高校体育教学在目标定位上存在一定的局限性，主要表现在对学生身体素质提升的单一追求及缺乏对学生全面素质发展的有效支持上。为了提升体育教育的质量和效果，有必要深入分析和反思现有的体育教学目标定位，以期达到更为全面和有效的教育成果。

三、教学内容陈旧枯燥

在我国的教育体系中，体育教学内容目前面临着一些显著的挑战。首先，大部分体育课程的内容仍然深受传统体育项目的影响，较少涉及新兴或更具活力的运动项目。这种偏重传统项目的倾向使得教学内容在一定程度上显得陈旧和缺乏吸引力，从而减少了学生的参与度和兴趣。其次，许多使用的体育教材并未跟随时代的发展进行及时更新。这些过时的教材无法有效地激发学生的学习兴趣，同时也可能导致教学内容显得枯燥乏味。除此之外，传统的体育教学模式通常缺乏趣味性和互动性，体育教师在教学过程中往往过分强调单向的技能传授，而忽视了与学生的有效互动和参与，这进一步加剧了教学内容的枯燥性。此外，常规的体育教学大多停留在运动技能的层面，而较少与相关学科如运动科学、健康教育等领域进行有效整合，导致教学内容在知识广度和深度上显得不足。

总的来说，我国体育教学内容的现状反映出了一种对传统运动项目的依赖，缺乏创新和跨学科融合，这在一定程度上限制了体育教育的潜力和效果。为了提升教学质量和学生的学习体验，体育教学内容需要进行适时的更新和扩展，以更好地适应现代教育的需求和学生的兴趣。

四、教学方法过时单调

在我国体育教学过程中，长期以来沿用的传统教学模式主要围绕几个核心步骤展开：首先是规则和技术的讲解，接着进行教师的示范，然后学生模仿实践，紧随其后的是教师对学生错误的纠正，最后是进行技能巩固和提升的练习。这一教学模式以其明确的结构化和强烈的指导性特点而备受认可。然而，同样因其在创新性和多样性方面的不足，被广泛批评为陈旧且过于单调。

在这种体育教学方法下，师生互动多为单向传递，学生缺少自主学习和个人探索的空间。这导致学生在学习过程中表现出较低的主动性和积极性。由于缺乏互动和创新的教学环境，学生的学习体验可能受到限制，进而影响他们对体育运动的兴趣和热情。这一教学模式的局限性在于未能充分激发学生的学习潜力，也未能有效促进学生对体育学科的深入理解和热爱。

总之，我国体育教学的传统方法虽然具有一定的结构优势，但在激发学生兴趣、促进学生自主学习以及提供多样化教学体验方面存在明显不足。这种局限性不仅影响了学生对体育活动的参与度，也限制了体育教学效果的最大化发挥。因此，对传统体育教学方法的反思和改进，对于提升体育教学质量和效果具有重要意义。

五、教学评价弃本逐末

在体育教育领域，教学评价机制作为衡量教学效果的关键工具，目前过分依赖于传统的体能和技能测试，而较少考虑学生综合素质和创新能力的评估。这种评价方式可能导致教学目标的功利化，缺失对学生核心素养包括团队合作、领导力、社交能力等的重视，从而使得评价结果偏向于量化的运动成绩，忽略了对学生个性和全面发展的评估。这样的评价体系可能忽视学生的个体差异和特点，导致评价结果无法全面反映学生的真实水平和潜力，进而对学生的积极成长产生不利影响。因此，体育教学评价体系需要进行优化和改进，引入更加全面和多元化的评价标准，确保评价过程能够客观、全面地反映学生的体育学习成果及其综合素养发展水平。

六、教师专业水平有待提高

在当前中国高等教育体系中，体育教师的专业水平存在一定的挑战，这主要表现在几个关键方面。

首先，尽管体育教学具有丰富多样的内容和独特的教学环境，要求教师具备专业的教学技能和深厚的理论知识，但目前许多体育教师在这些方面的准备并不充分。这是因为体育教师的培育培养，更侧重于传统的体育运动和技能训练，而在新兴运动项目的理论和实践教学方面缺乏足够的准备。

其次，当前的体育教师队伍中，不少是从运动员转型而来的教师。这些教师在特定运动技术方面具有极高的自信和专业能力，但由于长期专注于单一的体育训练，他们在文化教育和科研能力方面可能相对较弱。这种背景导致部分体育教师在教学理论基础、教学能力、处理跨学科教学内容时不够熟练和专业。

此外，传统的体育教师培养模式也导致了一些教师在教学方法和课程设计上存在一定程度的随意性，对非专业领域的体育课程和教学技巧可能缺乏足够的重视。这种情况在一定程度上限制了体育教师在更广泛的教育领域中的发展和贡献。

中国高校体育教师在学历、知识结构和科研能力方面相对于其他学科的教师存在明显的差距。这种差异不仅影响了教师自身的专业发展，也对高等体育教育的整体教学质量和长期发展构成了挑战。因此，对体育教师队伍的专业能力和教学方法的现状进行深入分析和评估，对于提高体育教学质量和推动体育教育的发展具有重要意义。

七、硬件设施不够健全

在当前的教育体系中，中国高等教育机构面临着体育资源配置的重大挑战。尽管高校作为人才培养的重要基地，在资源分配中享有一定的优先权，但从总体上看，很多高校所拥有的体育资源仍显不足且陈旧。这一问题在体育设施的数量和质量、教学器材的现代化程度以及体育场地的维护和更新方面尤为明显。

随着高等教育改革的深入推进，高校的生源数量整体呈上升趋势，然而与此同时，学生的人均体育资源并未见同步增长，反而出现了逐年下降的现象。这种状况导致了学生数量与体育资源的供给之间出现了显著的反比关系，进一步加剧了体育教学资源的紧张。

此外，高校在体育电化教学资源的普及和利用方面也存在不足。尽管数字化和网络化教学资源为体育教学提供了新的可能，但在普及度和有效应用方面仍有待提升。特别是在应对雨雪等特殊天气条件时，缺乏有效的体育教学应对策略和备选方案，这在一定程度上限制了体育教学的连续性和有效性。

综上所述，高校体育资源的匮乏和不均衡分配，以及在特殊环境下的应对策略缺失，成为制约当前高校体育教学发展的重要因素。针对这些问题，需要从加强体育设施建设、优化资源分配、提升电化教学资源利用效率，以及制定灵活多样的教学应对策略等多方面入手，以推动高校体育教学资源的优化和高效利用。

第二节
高校体育教学的发展趋势

一、高校体育教学发展的背景

目前，高等教育体育教学正处于持续发展与进步阶段，其主要受益于当前的社会背景，具体表现在以下几个方面。

（一）社会经济的进步

体育的改革与进步依赖于社会与经济的持续发展，使社会经济成为推动体育和体育教育发展的重要因素。社会与经济的成长为现代体育与体育教学提供了重要的现实背景。

1. 现代社会"文明病"的兴起

科技进步对人们的生活方式产生了深远的影响，随着体力劳动量的显著减少以及饮食品质的提升，包括学生在内的大众群体体力活动减少，身体素质开始下降，加之日常饮食中过度摄入动物性脂肪、高蛋白和糖分，导致肥胖、冠状动脉心脏病、高血脂等"文明病"日益普遍。鉴于此，注重对学生的体育教学，加强学生的体育锻炼意识与习惯，改善亚健康的体质，显得尤为重要。

2. 社会压力增加

在当前的社会背景下，人们普遍经历着快节奏的生活和激烈的竞争环境，这导致了心理压力日益增长。具体以高校学生群体为例，他们承受着学业压力、未来就业的挑战以及人际关系问题等，导致有些学生呈现出不同程度的心理问题，如孤独、抑郁和情绪波动等。而体育锻炼已被证实是有效减轻心理压力的方法，它对于高校学生的健康和心理发展具有显著的好处。因此，在高校中强化体育教学，不仅对促进学生身体健康有益，对于提升和发展学生的心理健康也至关重要。

3. 经济发展促进体育设施建设

随着经济的持续增长，国家在教育规划时注重于学校体育设施的建设与完善。通过增加体育设施建设的预算，高校能够实施包括建设新的体育馆、游泳池、运动场以及进行老旧设施改造等多种措施。这些投资不仅限于传统的体育设施，也涵盖了为适应现代体育教学需求的高科技设备和管理系统。

同时，随着经济增长带动社会总体财富的提升，高校还能够吸引更多的私人赞助和企业合作，这些资金进一步丰富了学校体育资源，拓展了体育项目的种类和质量，也为师生提供了更丰富多彩的体育活动选择，促进了体育课程内容的多元化发展。

此外，随着对体育的重视度逐步提升，体育设施的建设和改善也更加符合专业标准和学生需求，有助于培养学生的体育兴趣，提高他们的运动技能，以及增强体育竞技水平。这不仅影响了学校的体育教学质量，也对学生的全面发展和身心健康产生了积极作用。

（二）教育事业的发展

高校体育的发展和改革是中国教育体系改革和发展的一个重要组成部分。教育事业作为国家发展的基石，对于提高国民素质，增强综合国力和影响国家未来发展前景方面都起到了至关重要的作用。伴随着国家对教育事业认识的深入和重视程度的不断提升，国家实施了一系列政策和措施以加强和刷新整个教育系统。其中，《中国教育改革和发展纲要》中的指示，是为了促进教育思想的更新，改进教学内容和方法，并解决教育与经济建设和社会发展脱节的问题。这一指示一定程度上成为高校体育改革的动力，因为体育教育在培养学生身心健康方面与社会发展息息相关。

《中共中央 国务院关于深化教育改革全面推进素质教育的决定》更加强调了体育对青少年身心健康的重要性，将健康体魄视为服务国家和民族的基本要求，反映了对高校体育重要性的认识与支持。结合《全民健身计划纲要》，国家将全民健身视为一项全国性的实施计划，特别强调了对青少年和儿童的重视，这无疑将学校体育工作提升到了重要的位置。高校作为青少年的重要培养基地，在全民健身中扮演了核心角色。这一系列措施不仅在整体上促进了教育事业的发展，也为高校体育的发展与改革提供了坚实的依据。高校体育作为素质教育改革的重要方面，在政府的指导、国家的支持以及社会的多方面关注下，取得了新的突破。

在教学观念方面，高校体育逐渐转向强调身体素质培养的全面发展，不仅注重学科知识的传授，更注重培养学生的身体素质和综合能力。教学形式和内容方面，高校体育越来越注重多元化，通过各类体育活动和项目，满足不同学生的兴趣和需求。这不仅有助于提高学生的综合素质，也使体育教学更具吸引力。因此，当前高校体育在政府的引导、国家的支持和社会的广泛关注下，得以不断发展。在新的教学理念下，高校体育教学工作取得了显著的成绩，为高校体育的全面发展提供了良好的条件。这一发展不仅促进了学生身心健康的全面提升，也为国家培养更多具有综合素质的优秀人才奠定了基础。

（三）体育事业的发展

当前，我国体育事业呈现良好的发展态势，这在全国范围内创造了蓬勃的体育氛围，对于推动高校体育的持续发展具有至关重要的推动作用。

首先，我国运动员在各类国际体育赛事中取得辉煌成就，这不仅为国家争得荣誉，也在国内激发了人民群众对体育事业的浓厚兴趣。通过媒体广泛传播的体育赛事，人们更容易认识到体育的重要性，激发了广大群众参与体育运动的热情。这种体育热潮直接影响了高校体育，使学生更积极参与各类体育活动，推动了高校体育事业的发展。

其次，体育产业在我国经济中的蓬勃发展也为体育人才提供了更加广阔的舞台。体育产业的兴起不仅带动了相关产业链的发展，也创造了大量就业机会。这对于高校体育来说，意味着更加强烈的对于专业体育人才的需求。学校需要培养具备专业技能的体育人才，以适应体育产业的发展需求。这种需求推动了高校体育进行更为深入的改革，调整教育内容和培养模式，使之更贴近实际体育产业的需求。

因此，我国体育事业的良好发展态势不仅在全国范围内形成了蓬勃发展的体育氛围，而且对高校体育的发展起到了积极的推动作用。为国争光的体育健儿们激发了人民群众的体育热情，而体育产业的发展为高校体育培养更多专业人才提供了动力，共同推动了高校体育事业的不断进步。

二、高校体育教学的发展趋势

科技发展已经成为推动人类社会进步的关键力量。在现代社会，科技在各领域发挥着至关重要的作用，技术进步成为各行各业发展的基石，该趋势同样适用于高校体育教学。随着科技的迅速发展，为体育教学带来了多元化的教学手段与教学方法。然而，体育教学的提升不仅要依赖于科技的进步，更要结合教学理念的创新。教学理念的深化发展相当于教育的"软件"，它与科技手段的发展有着同样的重要性，两者共同作用于体育教学的现代化与提质。

高校体育教育必须更新其教学理念，以适应不断变化的时代要求。这意味着高校体育教育部门和体育教师应积极转变体育教学理念，培养能适应未来社会的人才，同时培养学生"健康第一"与"终生体育"的教育观念。体育教育应从传统的选才模式转变为全面发展模式，旨在提高学生的身体和心理健康，以及社会适应能力，培育能够迎接21世纪科技挑战的全面发展人才。

（一）加强对学生健康素质的关注

体育教育和体育锻炼在提升大学生身体健康方面发挥着重要作用。基于这一认识，高校体育课程的设计和实施应当建立在全面健康观的基础之上，并始终贯彻"健康第一"的教育理念。在这一框架下，高校应当持续推动体育教学改革，以更好地满足学生身体和心理健康的需求。这种改革旨在通过优化课程内容和教学方法，提升学生的身体素质，同时促进其全面健康发展。

首先，在高等教育领域中，体育教育的核心本质是通过体育活动促进学生的身体健康。这种教育方式是实现"健康第一"教育理念的最直接且有效的途径，同时也构成了促进学生整体素质发展的基础。通过加强体育教育，不仅可以增强学生的体质和改善其健康状况，而且对学生顺利完成学业及满足其终身健康需求具有至关重要的作用。因此，高校体育教育的实施应着重于提高学生的身体素质水平，这不仅符合教育部门的目标导向，也响应了现代教育对健康全面发展的需求。

其次，提升学生的心理发展水平是体育教育工作中的一个重要方面，它包括心理健康和心理素质的发展。学生的心理状态与生理健康紧密相连，而严重的心理问题不利于身体健康的发展。学生的心理健康对其发展影响比生理问题更深远，尤其在中国特色社会主义市场经济条件下，随着社会竞争的加剧，个体需要较强的心理素质来应对各种挑战。故此，加强和优化高校学生的心理健康水平，提升他们的心理素质和应对能力，具有十分重大而深远的意义。

最后，增强学生的社会适应性是帮助学生维持健康状态的关键因素。体育活动的本质在于它们是对社会劳动和生活环境的一种再现。因此，体育教育常被视为一种展现社会情境的教育平台，体育精神则被看作是现代社会价值观的缩影。在此前提下，加大对学校体育教学的重视，将对高校学生的社会适应能力的培养与提升产生重要影响。

（二）加强对学生"终身体育"意识的培养

在推进学校体育改革的过程中，体育教育工作者深刻理解到，传统体育教育侧重于短期内提高学生的身体素质，而对于培养学生的体育意识、兴趣、习惯和技能等方面重视不足。为了保障学生的终身健康，必须使体育成为他们终身的伴随者。

由此，学校体育需同时注重近期和长远的效益。通过加强学生终身体育理念的教育力度，激发和培养他们终生参与体育活动的意识，使学生养成定期参加锻炼的习惯，并掌握科学锻炼的知识与方法，培育学生独立开展科学锻炼的能力。进入中国特色社会主义的新时代新阶段，在基础教育和高等教育在体育课程改革中，更加强调"终身体育"对学生发展的重要性。

（三）注重体育教学的选择性与地域性

1. 改革体育课程管理体制有利于学校体育的选择性

传统的体育课程和体育教学通常采用统一的管理方式，国家制定和发布统一的《体育教学大纲》，其中规定统一的教学目标、教材内容、教材比重、时数分配、考核项目以及评分标准。各地和各学校在体育教学方面的选择性主要限定在可以选择的"选修教材"范围内，并对这些选修教材的实施也有相应的规定。

由于中国国土辽阔，经济和教育发展水平参差不齐，因此，我国引入了国家、地方和学校三级课程管理体制。在课程管理方面，国家主要制定课程标准和课程目标，而对具体的课程内容则采取相对开放和自主的管理方式。国家在课程方面进行宏观管理，而具体的课程标准贯彻实施、模式与方法、内容设置、课程评价等方面，则完全由各地和各校根据实际需要以及自身条件和特点进行自主选择。

2. 高校体育更体现地域文化与学校定位

随着体育课程选择性的增加，学校在遵守《课程标准》规定的"选择教学内容的基本要求"的基础上，可以利用自身的资源，考虑地理环境、天气条件、体育传统等因素，自主选择合适的体育教学内容、校园体育活动以及课后训练项目。这使得学校的体育教育不仅能够反映其地域文化的特点，还能突出学校的培养方向与自身特色。

（四）注重学校体育教学与课外校外有机融合

高校体育教学正逐步实现课内与课外、校内与校外活动的有机整合，这一趋势主要体现在三个方面。

1. 确立大课程观

在教师的组织和引导下，为达成既定教育目标而设计的一系列校内外活动构成了课程。提倡大课程观念，为课堂与课堂之外、校园与校园之外的综合体育教育活动提供了坚实的理论基础。

在新一轮的体育课程改革中，我们以大课程观为基础，将体育教学以及课外和校外的运动训练纳入课程总体之中，创建了一个课堂内外、校内外的有机融合的课程架构。因此，各种类型的学校及体育教师在实行新的体育课程时，必须精心处理课堂教学和组织多样化的课外、校外体育活动，以满足高等教育体育教育的需求。

2. 促进学生健康的需求

多项研究显示，随着国民经济发展到一定阶段，人的体质健康指标有下降的趋势。若要提升与体质健康相关的人体生理指标，必须通过有规律的运动锻炼、适当的运动量和一定锻炼强度的累积。如果每周体育活动时间仅限于几节体育课，那么体育教育在提升学生生理功能方面的效果将极为有限。

《中共中央 国务院关于深化教育改革全面推进素质教育的决定》明确指出，"学校应树立健康第一的指导思想，切实加强体育工作"以及"确保学生体育课和课外体育活动的时间"。为了落实教育和体育课程中"健康第一"的教育理念，有效提升学生的健康水平和体质，学校体育教育需采取课堂内外、学校内外一体化的综合改革和发展策略。

3. 开发和优化课程资源

顺应课程结构中"课内外、校内外有机结合"的架构需要，关键在于全面挖掘和有效运用体育课程资源。在人力资源配置方面，除了专职体育教师，还需动员班级指导教师、学生辅导员、具备体育专长的跨学科教师、医务人员、共青团和学生会成员以及具备体育特长的学生，以确保他们在校园体育活动中发挥最大作用。

在课程的时间安排和空间利用方面，应不仅限于正式课表所规定的时间段，更应该将早晨、课间休息、课后、周末以及节假日期间的时间予以充分利用。同时，体育课程也应扩展至家庭环境、社区设施、少年活动中心、业余体校、体育俱乐部，以及河流、湖泊、田野、山林、草原等多样化的体育锻炼场所，以打破学校教育在空间与时间上的限制，促进校内外及课内外教育的整合发展。

（五）注重体育教学多样化的发展

1. 体育需求的差异性与多样性

在高等教育的体育教学领域，大学生作为独立的个体，展现出显著的个体差异性，这种差异性不仅体现在身体结构和机能上，还涵盖了动机、兴趣和心理需求等多个层面。因此，大学生对体育活动的需求呈现出丰富的多样性。从学术的角度来看，这些需求可以具体划分为休闲娱乐、健康塑形、身心调适以及特定运动技能的发展等几个方向。每一种需求都反映了学生在体育活动中的不同期望和目标。

考虑到学生体育需求的多样性，高校体育教学应采取灵活多变的教学策略，以适应不同学生的具体需求。这要求教师能够精准识别并理解学生的个体差异，从而提供更为个性化的教学内容和方法。例如，对于那些追求休闲娱乐的学生，可以设计更加轻松和有趣的体育活动；对于注重健康塑形和身心调适的学生，则可以提供更为针对性的健身指导和心理支持；对于有特定运动技能发展需求的学生，则需要提供专业的技术训练和指导。

　　在高校体育教学中，必须充分认识到学生需求的多样性，并在教学实践中灵活地应对这种多样性。通过提供多元化的体育课程内容和教学方法，不仅能够更好地满足学生的个体化需求，还能促进学生全面的身心发展，为其健康和幸福的未来奠定坚实基础。

　　2. 体育教学内容的多样性

　　为适应学生体育需求的差异化与多样性，学校体育教育应充分发展多元化的课程内容，其具体内容可扩充为以下几个层面。

　　一是丰富体育理论知识内容。体育与很多学科是有交叉融合的，如生理学、解剖学、心理学、营养学与康复学等，这些学科与体育运动息息相关，应打破传统的体育教学范畴，将体育与其他学科融合，学生可以更全面地理解和应用体育知识，提高对运动和身体健康的认知，使学生在学习和实践中获得更多的综合能力。这种综合教学方法有助于提高学生的体育素养和综合素质，培养他们成为全面发展的健康公民。

　　二是促进个体健康的体育项目。该项目是指改善身体健康状况、提高身体素质，更注重个人的健身效果和身体功能的提升，旨在满足个体对健康的需求。如健美运动、健身操、跑步、徒步、骑自行车等。这些项目不受运动场地与运动人数的影响，更便于开展，并有助于养成一种积极且健康的生活方式。

　　三是现代体育项目。常以集体性、挑战性与艺术性的项目为主，如篮球、排球、足球、跆拳道、攀岩、野外生存以及体育舞蹈等活动，其所蕴藏的竞技性、挑战性与艺术性特征能促进学生个性的发展。这类体育项目不仅能帮助学生实现自身价值，还能加强他们的社交能力，满足个体在社会参与与交流方面的需求。

　　四是休闲体育项目。休闲体育是指以放松和娱乐为主要目的的体育活动。这类体育活动通常不着重于比赛成绩或竞技水平，而更关注参与者的身心健康、社交互动和消遣娱乐。如游泳、网球、乒乒球、保龄球、瑜伽等各种形式的体育运动和健身活动。这类体育项目可以帮助参与者缓解压力、增强身体素质、改善心理状态，并在愉悦的氛围中享受运动的乐趣。

五是传承民间体育项目。民间体育项目是指在特定地区或民间社群内广泛开展的传统体育活动。这些活动通常由普通民众自发组织和进行，世代相传，承载着当地的文化和历史传统，如中国武术、跳绳、跳方格、跳皮筋、跳竹竿、踢毽子、荡秋千、爬竹竿等项目。这类体育项目不仅丰富体育教育的内容资源，还有助于维护与促进本土体育文化的传承，同时满足学生在健身与娱乐方面的多元化需求。

通过多角度、多维度地丰富体育课程内容，高校能够更好地适应并满足不同学生的个体化体育需求，同时也能引导学生发现并追求自身的体育兴趣。

3. 体育组织形式的多样性

一是学校体育运动队。学校体育运动队是由学校组织和管理的一个运动项目或多个运动项目的代表性体育团队，由学校从学生中选拔并招募具有优秀运动能力和潜力的学生组成，经过系统的训练和指导，代表学校参与各种级别的体育竞赛。其一般是由学校体育教学部门负责组织，在体育教师或专业教练的指导下进行训练，重点在于培养学生的体育技能、战术能力和竞技素养。每年都将代表学校参加各类级别的体育竞赛，展示学校的体育实力和形象。如学校间的校际赛、地区性的比赛以及全国范围内的学生运动会等。

二是学校体育社团。学校体育社团往往由大学生自主组织和管理，大学生通过自主选择参与其中，通常由学校的共青团组织、学生会发起的，由学校体育教师或专业教练提供必要的指导与支持。体育社团常采取单项体育协会的组织形式。根据各体育协会的规章制度，学生自愿交纳一定的会费来报名加入某个体育活动。社团中的管理人员通常是通过民主投票选举产生的。同时，还有一些国家级的综合性体育组织，如全国大学生体育协会，其主要职责是举办同等级别的学生体育比赛。这些体育社团极大地促进了学生参与体育锻炼的热情。

三是学校体育俱乐部。体育俱乐部的设立日益成为高校体育活动中的重要组织形式。各高校依据其自身资源和硬件条件，创设多样化的体育俱乐部，旨在充分发挥和促进学生提升运动能力、发展体育专长以及健康促进、休闲娱乐和体态塑形等方面的需求。

第三节
高校体育教学改革的策略

一、高校体育课程改革的重点

（一）明确学校体育课程的指导思想

在高校体育教学中，确立正确的"终身体育"思想是对终身教育内涵进行深化和延伸的必然要求。终身体育作为终身教育发展的必然趋势，我们致力于推动学生形成终身体育思想和意识。高校体育教学的目标正在逐步朝向多元化方向拓展和发展，旨在培养学生的终身体育意识，培养他们养成终身体育锻炼的良好习惯，并使其能够掌握终身体育锻炼的方法，培养相关的终身体育锻炼能力，促进学生的个性与身心的全面健康发展，提高学生的身心健康水平，成为高校体育课程的首要目标。同时，我们努力推动学生全面发展，使其掌握一定的运动技能，以在未来的工作、生活和学习中灵活应用。学校体育致力于培养学生从事体育运动的意识、兴趣、习惯和能力，提高其体育素养，为终身体育打下坚实基础，最终实现高校体育教学与终身体育的有效衔接。此外，我们还力图提高学生的素养水平，为终身体育的实践奠定良好基础。

随着终身教育思想的兴起与盛行，终身体育理念逐渐在全球范围内被广泛接受，尤其在发达国家得到了率先实施的认可。

（二）确立学校体育课程的培养目标

中国迈入新时代以来，高校体育教学的价值已经远远超越了单纯的身体锻炼，它在培养大学生的德育、完善其品格、培养创新思维和社交技能等方面发挥着至关重要的作用，从而全面提升学生的综合素养。因此，体育教学应关注学生体质的发展与提升，还应培养学生体育锻炼的意识与兴趣，帮助他们形成终身参与体育运动的习惯。这要求对传统的体育教学目标进行改革，以增强学生体质为基础，合理安排体育教学内容，重视培养学生多方面的体育意识，并在"以人的发展"为本的体育教学过程中，培养学生的关键能力和重要品质。

1. 加强竞争意识的培养

在新时代背景下，培养大学生的竞争意识成为一项重要任务。体育活动不仅要求学生遵守公平、公正和公开的竞争原则，同时也促使他们学会直面和敢于参与竞争。参与竞争的过程中，不可避免地需要经历成功与失败。这项在体育过程中的经历，使大学生能够学会乐观和理性地对待现实生活中的各种情况，有利于培养竞争意识，有助于形成顽强的体育精神，鼓励学生勇于面对困难和挑战，培育出顽强刚毅的品质。

2. 提升团队协作能力

体育活动被广泛认为是增强团队合作意识和能力的有效方式，其中包括篮球、排球和足球等运动项目。大学体育教学的开展不仅对高等教育体育事业的发展起到关键推动作用，同时对社会整体发展也具有重要的促进意义。通过参与这些体育活动，可以有效地培养大学生的合作精神，培养与他人协作共同实现目标的能力。这不仅是大学生在融入社会过程中极为关键的一环，也是作为公民在社会生活中不可或缺的基本能力和重要素质。

3. 激发创新意识

高校学校体育课程应当注重满足学生的内在需求，不仅要强调学生的积极性和主动性，同时也要理解，参与体育学习过程实质上是大学生自我提升的途径。在大学体育教学中，应当充分激发学生的主观创造力和创新思维，给予学生进行自我学习的空间和时间，将原本呆板、强制的传统教学方式转变为充满活力和形象性的新型教学模式，从而提升大学体育课程的教学质量，同时也能促使学生更加积极主动地参与体育学习。

4. 倡导快乐体育理念

通过参与体育活动，大学生不仅能保持身体健康，还能享受心理上的愉悦和充沛的精力。大学生参与体育运动的目的，超越了简单的身体锻炼，更重要的是体验到运动带来的精神愉悦和成就感。体育教师在教学中积极推广快乐运动的理念至关重要。在这种理念的引领下，体育教学逐步形成了以快乐为中心的教学模式，不仅让学生及时感受体育运动的乐趣，还能在享受运动乐趣的同时，学习相关运动技能和参加身体锻炼。通过体验运动的快乐，有助于形成终身运动的意识。

考虑到体育运动乐趣的多元性，教师的教学活动应旨在让学生感受运动的不同乐趣，并确保这些环节相互关联，全面体验运动带来的各种快乐。显然，若高校体育教学显得严肃和呆板，缺乏乐趣，就会降低大学生对体育课程的关注度与参与度，影响他们对体育的热情，进而阻碍通过体育运动培养学生能力的目标实现。因此，应采用快乐运动的教学方法，让学生深刻体会到运动的乐趣，同时在享受乐趣的基础上提升运动技能，并通过体验运动的快乐，培育学生终身参与体育运动锻炼的良好习惯。

（三）健全课程体系重构教学内容

为了提高学生对体育课的兴趣并促进其学习，教学内容需要更为丰富和有针对性，必修课与选修课应明确区分，以确保教学内容的合理安排。课程设计应基于其设置目标明确，确保所教授内容的深度与精准度，旨在全面且细致地传授相关体育知识，确保学生能够全面理解并掌握这些知识。基于学期末考核的具体要求，高校体育教师可制定相应的教学计划和内容，以促进学生体育意识的形成，并不断提升其体育文化的素质。教学应以运动技能的掌握为基础，从而达到终身教育思想的基本教育原则。当学生能够达到终身体育的教学目标时，他们将具有在没有教师指导时自主进行体育锻炼的能力与自觉性。

二、高校体育教学改革的措施

（一）建立科学的体育教学理念

在高等教育领域，培育能够符合当代社会发展需求的创新型、高质量人才是教育的核心目标。高校体育教学亦需积极顺应时代演变的节奏，这就必须要求高校体育教育工作者深化对现代体育教学理念的理解，积极摒弃旧有的传统教学理念，并进行教学方式的革新，旨在实现一种以素质教育和终身教育为导向的教学观念转变。

1. 完成由体能型向乐趣型的教学理念转变

目前，国内部分高校仍重视以教师为主导的、注重单一发展体能的体育教学方法，这种模式往往过于强调技能训练而忽视学生自主性的发展，导致教学内容与当代社会对体育教育的期望不符。为了符合新时代对体育教育的要求，体育教学应更加关注适应学生的兴趣和需求，以学生发展为中心，激发其主动参与体育活动的积极性。乐趣型体育教学理念的实施侧重于教师运用高效的课堂管理方法，关注学生的个性化成长需求，在理解学生对体育学习的真实需要的基础上，创造性地根据学生的偏好设计体育课程。此外，教师应鼓励学生主动思考，解决在体育学习过程中遇到的问题，并通过体育活动体会到乐趣，以此培养他们终生参与体育活动的意识。

2. 完成由经验型向科研型的教学观念转变

经验型体育教学观念主要以传统的身体训练为教学手段，旨在通过体育课和训练提升学生的体质，认为体育课的运动量是判断教学质量好坏的关键因素。但是，仅依靠每周两次的体育课来增强学生的体质是不切实际的。因此，从经验型向科研型体育教学观念转变显得尤为必要。随着高校体育教学的发展和科研水平的提升，体育科学已经变成了一个综合性学科，与其他学科相互交融。科研型体育教学着重于科学化的体育运动和课外活动的安排，重点在于提升学生的身体素质，更关注学生的素质提高和智力发展。因此，体育教学观念的这一转变应受到高校体育教师的重视。

（二）统筹安排体育教学内容

在新时代背景下，高等教育体育课程内容应展现出多样性，鉴于新时代大学生对娱乐性和休闲性体育活动的偏好，要求体育教学根据课程类型、教学大纲及教材体系进行改革，以确保教学内容的持续更新和适应性。例如，教师们可以调整必修和选修体育课程的比重，减少必修内容，增加选修课程时间，以适应学生的个性化需求。高校体育教师应提供多样化的课程组合，让学生能够根据个人兴趣选择合适的课程，进而有效结合体育与健康教育，丰富学生的体育知识和技能。为此，可以考虑引入健美操、排舞、街舞、拉丁舞、肚皮舞等流行体育项目，以及武术、太极拳、跆拳道等民族传统项目，甚至短式网球和气排球等现代休闲体育项目进入选修课程。这些课程不仅丰富了教学内容，还能拓宽学生视野，增强其适应社会的能力。这些项目本身的高趣味性有助于满足学生的求知欲，并且因其广泛的吸引力，能有效提升体育锻炼的效果和教学成果。此外，应用此形式的体育课程，广泛接纳对各种体育项目感兴趣的学生参与其中，扩大体育选修课的覆盖范围，增加其实用价值。

（三）创新体育教学模式

高等教育体育教学的模式是实现其教学目标的关键途径。科学且高效的教学模式能显著提升教学效果。相反，过时和单调的教学模式容易消磨学生的学习热情，从而阻碍体育教育的发展。创新是推动发展的关键力量。为了在体育教育改革中取得进一步的成效，不断地创新改革势在必行。随着时代变迁，传统的教学模式中教师的教学与学生的学习相分离，已无法适应现代体育教育的需求，并可能削弱学生的学习兴趣。因此，探索新型体育教学模式，如混合式体育教学模式、情景式体育教学模式、项目式体育教学模式、研究型体育教学模式等，成为一种不可逆转的趋势。这些新型教学模式能够更好地激发学生的主动性和积极性，让学生成为课堂的中心。在设计新的教学模式时，应充分考虑学生的兴趣、爱好和需求，全面发展适应学生特点的体育技能，全面培养学生的核心素养能力。

（四）重构体育教学评价体系

当前高等教育体育课程的评估系统存在问题，迫切需要改革。评估系统应作为一种有效的手段，在高校体育教学中发挥作用，既激发学生的积极性，又实现体育教学目标。评估不应仅限于学生的书面成绩、技能成绩和体能成绩，而应更多地反映学生能力的提升，这也是现代教育以人的发展为中心理念的具体体现。实践已证明，以各种测评体系为主导的大学体育课程存在许多问题。这种方法不仅容易误导学生，还忽视了学生的个体差异和后天环境的影响。例如，天生体质较好的学生无须额外锻炼却能取得良好成绩，而那些先天条件和环境不利的学生，即使努力训练也难以达到设定目标。因此，虽然体能和技能的评估很重要，但更关键的是参与体育活动和在此过程中学生能力的提升。由此，大学体育教学在评估时必须考虑到学生个体差异，将过程和结果都纳入综合评估体系。高校体育教育应坚持以人为本，鼓励学生关注体育运动技能提升，并在重视体育行为规范的同时，保持身心的健康与综合素质的发展。

第四章

高校体育教学目标的审视与重构

体育教育的目标定义了我们期望在体育教学中实现的成果。这些目标详细阐述了学生在完成教学活动后在知识、技能和体能方面的预期变化，它们是为了达到学校体育甚至整个学校教育目标而设置的体育教学总体要求。它在不同教学阶段设定了具体任务和要求，贯穿于体育教学的整个过程中，起着指导和约束的作用。体育教学目标是教学工作的起点和终点，随着现代体育教学的进步不断丰富和发展，以更好地满足学生个体和社会发展的需求。

第一节
体育教学目标的定位及其关系

一、梳理学校体育目标与体育课程目标的关系

学校体育作为学校教育体系的重要组成部分，它是一种广泛而抽象的概念，与德育、智育、美育、劳育等教育领域处于同一个教育层次。通过身体锻炼作为媒介，学校体育涵盖了各种体育活动，不仅局限于校内，也包括校外活动。

学校体育在形式上承担着一般性的教育功能，它塑造了体育教育的本质特征。学校体育的目标体现了特定的体育教育哲学观念，如"健康第一"与"终身体育"等。这些观念性的目标为课程内容选择、教学计划、实施和评价提供了宏观的方向性指导。然而，以"健康第一"为指导思想，仅仅提供了整体方向，并未直接指导学校体育课程的具体教学内容。

"体育课程"这一术语自第八次体育课程改革后开始使用，尽管已被广泛采纳，但对其的研究仍然有待深化。如果从教育学的大课程观的角度理解，体育课程不仅包括体育教学，还包括课外体育活动。体育教学是基于体育学科客观系统特性，组织师生间的双向教学活动，其主要目标在于帮助学生掌握体育知识和技能。课外体育活动则作为体育课程的课外教育部分，更侧重于满足学生的兴趣和爱好，它旨在组织和发展学生自主参与的集体性教育活动。因此，课外体育活动不仅是体育教学的延伸，也为体育教学提供了重要补充，使学生能够在更广阔的空间中提高身体素质和社会交往能力。

体育课程是学校体育的一个更具体和可操作性的概念，它明确定义了学校体育在目标和内容上的细节。学校体育的目标提供了一个大致的方向，而体育课程目标则在学校体育目标的基础上进行了具体化，使其能够直接指导课程计划、教学实践和评价活动。学校体育目标为体育课程目标提供了方向，而体育课程目标则具体呈现了学校体育目标的具体内容。

尽管从理论角度看，体育课程与学校体育所追求的价值观是一致的，学校体育提供了方向，而体育课程则负责实施具体内容。然而，体育课程无法完全取代学校体育，因为如果这样做，学校体育这一概念将失去其存在的意义。因此，学校体育的目标仍然至关重要。同时，我们需要深入研究学校体育目标与体育课程目标之间的辩证关系。这需要结合学校体育目标的历史演变，结合当前的体育课程五个领域目标，以使学校体育目标与体育课程目标更加明确和清晰。

二、梳理体育课程目标与体育教学目标的关系

在义务教育与高中教育阶段，学校体育在课程标准方面的发展与更新，较高等教育更及时。我们先从义务教育与高中教育阶段课程目标的迭代出发，来梳理课程目标与教学目标的发展。自新中国成立后，中国课程目标经历了三次迭代升级。1952 年，在《中学教育暂行规定》里，将课程目标定位为"三基"，即基本知识、基本技术、基本技能；2001 年，在《基础教育课程改革纲要》中，将课程目标定位为"三维目标"，即知识与技能（基础学力方面）、过程与方法（学会学方面）、情感态度与价值观（完善人格方面）；到 2017 年的《普通高中课程标准》与 2022 年的《义务教育课程标准》中，将课程目标聚焦于培养学生的"学科核心素养"，重在培养学生适应未来发展的正确价值观、必备品格和关键能力。从这三次目标更迭中，可以看出课程目标与教学目标随着时代发展和国家培养人才的定位而与时俱进。

从学术角度来看，体育课程涵盖了体育教学和课外体育两个方面。在理论上，体育课程目标应该是指导体育教学目标的基础，而体育教学目标则是体育课程目标的具体展现。然而，在实际应用中，体育课程目标与体育教学目标之间存在一定的分离，缺乏一致性。

2002 年，《全国普通高等学校体育课程教学指导纲要》中把课程目标分为基本目标和发展目标，基本目标是根据大多数学生的基本要求确定的，发展目标是针对学有余力和学有所长的学生确定的。其中，每类目标均分为五个领域目标：运动参与目标、运动技

能目标、身体健康目标、心理健康目标和社会适应目标。有些教师在体育教学目标设计中按体育课程"五维目标"的方式陈述体育教学目标，如某教师设计了大学本科一年级的体育课堂教学目标（教材内容为篮球传接）：第一，运动参与方面的目标旨在通过启发和引导，激发学生的参与热情；第二，运动技能方面的目标要求在掌握篮球运动规则和基本方法的基础上，学习传接球技术，使学生能够明确运动方法并能够合理运用；第三，身体健康方面的目标旨在发展学生的传接球能力，并提高身体的协调能力；第四，心理健康方面的目标通过自主而有效的学习来帮助学生建立自信心；第五，社会适应方面的目标要求在学习比赛中加强学生的合作意识和集体意识。

　　然而，也存在一些体育教师采用了教育学科中"三维目标"的表述方式，将体育教学目标分为三个方面。例如，某教师为大学本科一年级的课堂教学制定了目标（以50米蹲踞式起跑为例）：一是知识与技能目标，旨在使学生初步掌握"蹲踞式"起跑的动作要领和各种练习方法，以较好地发展快速跑的能力并提高反应速度；二是过程与方法目标，引导学生反复练习，掌握50米蹲踞式起跑的技术，并在短跑中保持正确的起跑姿势；三是情感态度与价值观目标，培养学生竞争意识和能力拼搏的精神，激发兴趣，促进身心全面发展。此外，一些体育教师还根据体育学科的特殊性，在"三维目标"的基础上增加了"体能目标"。这些实例表明，在体育课程目标与体育教学目标的关系问题上，尚未达成共识。

　　本书认为，以体育课程"五维目标"作为设计和表述体育教学目标的方式存在一定问题。其中的疑点在于广义的体育课程并不仅涵盖体育教学，还包括了大课间活动、课外体育活动以及学校体育竞赛等多个方面。因此，将体育课程领域与目标直接映射到体育课堂教学目标中并不适当，因为它们之间并没有一一对应的关系。虽然美国教育学家布鲁姆提出的"三分法"教学目标有其道理，但它主要面向学校各个学科，适用于所有学科。尽管教育学可以为体育学科提供一定的理论支持，但教育学并不一定是体育学科的唯一母学科，因为它本质上无法完全涵盖具有特殊动作操作性质的体育学科。此外，布鲁姆教学目标分类体系中的"技能目标"并不直接涉及"运动技能"，而是包括其他学科的"操作技能"。因此，如何根据体育课程目标的要求，结合布鲁姆的"三分法"教学目标体系，并考虑体育学科的特殊性，构建具有体育学科独特性的体育教学目标，仍需要进一步深入研究。

三、梳理学校体育目标与体育教育目标的关系

从系统论的角度来看，学校体育包括体育教学和课外体育活动，而课外体育活动又包括课外运动竞赛和业余体育训练等不同子系统，每个子系统都有其特定的目标。这些子系统的目标汇总形成了学校体育的总目标，但各个子系统在学校体育中的地位和作用并不相同。体育教学是学校体育的核心，课外体育活动则是体育教学的延伸。课外运动竞赛有助于提高学生的运动水平，营造校园体育文化氛围，激发学生参与体育活动的热情，而业余体育训练主要针对少数天赋出众的学生，其价值相对有限。因此，学校体育的目标应主要集中在体育教学和课外体育活动上，而体育教学目标则应重点关注知识和技能的传授，因为体育学科的本质在于实际操作性知识，因此，传授运动技能应成为体育教学目标的关注点。

以体育教学中的运动技能目标为例，凸显了体育教学目标与学校体育目标之间的关联和价值。学生在学习体育技术的过程中逐步发展运动能力，思维过程可以概括如下：从前人的运动文化遗产中获取运动素材，然后学习特定的运动项目和相关的具体技术，这些技术由教师传授给学生。学生初学这些运动技术，然后通过不断地

改进和提高逐渐掌握运动技术，最终实现运动技能的自动化，甚至掌握多种不同的运动技能，从而培养出综合的运动能力。这个逻辑路径展示了体育教学目标如何为实现学校体育目标做出贡献。

当然，体育教学目标不仅限于培养运动能力，还包括理论知识的认知目标和情感目标等方面，这些方面的目标同样重要，但在此不再详细展开讨论。

第二节

体育教学目标特点的再认识

一、体育教学目标的预测性

体育教学目标是教育实践中的关键组成部分，它指导教师和学生明确方向，确保教学活动能够有效地进行，并最终达到预期的成果。这些目标不仅是基于学生当前的体育知识、技能和身心素质，而且还须考虑到通过合理有效的教学手段，学生能够达到的潜在发展水平。

在体育教学启动之前，教师需要综合考虑学生的现状，包括他们的体育技能水平、理解能力、身体条件以及心理素质等，以此作为制定教学目标的基础。同时，目标设置应充分利用学校的物质条件、文化氛围和社会资源，创造有利于学生发展的教学环境。通过这种方式，教师能够预测并规划出学生在教学周期结束时可能达到的发展水平，并据此制定具体的教学策略和活动。

体育教学目标的科学性要求教师基于教育理论和实践经验，合理设定学生的发展目标，确保这些目标既有挑战性，又在学生的能力范围之内。合理性则要求目标与学生的实际情况相匹配，适应不同学生的需要，并考虑到学生的年龄、性别、健康状况和个体差异。可操作性意味着教学目标应具体、明确，易于评价和实施，教师能够通过观察和评价学生的表现来调整教学计划和方法。

为了实现这些目标，教师需采用多样化的教学方法和策略，如分组合作、个性化指导、游戏化学习等，旨在激发学生的学习兴趣，提高他们的参与度和积极性。同时，教师应不断监测学生的进步，及时给予反馈和支持，帮助学生克服学习中的难题，确保每个学生都能在自己的能力范围内取得进步。

二、体育教学目标的结构性

体育教学目标的结构性是其核心特征之一，它强调教学目标之间的相互联系和多维度的系统组成。这种结构化的设计不仅有助于实现各个教学目标，还确保了体育教学能够全面而深入地促进学生的发展。具体来说，体育教学目标的结构性可以分为认知目标、技能目标、心理健康目标、体育品德目标和社会适应目标等几个方面，每个方面都在学生身心发展中扮演着独特而重要的角色。

（一）认知目标是体育教学的基础

它不仅包括对体育运动规则和历史的了解，还涉及对健康理念、体育精神以及运动科学的认识。通过实现这些目标，学生能够更好地理解体育活动的意义，形成正确的健康观念和体育态度，为进一步学习和实践打下坚实的基础。

（二）技能目标专注于学生运动技能

技能目标包括基本运动技能和高级技能的掌握，以及战略思维和判断能力的发展。这些技能是学生参与体育活动和竞技体育的基础，对提高学生的身体素质和运动表现至关重要。

（三）心理健康目标旨在提升心理韧性

通过体育活动促进学生的情感发展，建立自信心能力、管理压力能力和提升社交技能等。体育教学目标不仅强调身体素质的提升，也重视学生的情感和社交方面的全面发展。通过体育教学，学生不仅能够提高身体健康，还能学习如何应对生活中的挑战，培养积极的生活态度和价值观，从而促进他们在学习和生活中的整体发展和效率。

（四）体育品德目标着重于人格培养

着眼于塑造学生的责任感、自律性和面对挑战的勇气，这些品质对学生的个人发展和未来的社会适应具有深远的影响。体育教学通过各种活动和实践，帮助学生培养良好的品德和性格。

（五）社会适应性目标致力于增强社交技能

在上述目标的基础上，进一步提升学生的团队合作能力、社交技能、遵守规则和公平竞争的意识。这些能力和素质是学生在未来社会生活中不可或缺的部分，体育教学通过这些目标的实现，帮助学生更好地适应社会，提升其整体社会竞争力。

三、体育教学目标的分级性

体育教学目标的分级性是实现教学有效性的关键策略，它体现在目标的层级结构和递进特性上。这种结构化的目标设定旨在逐步提升学生的体育能力，并确保学生在不同发展阶段能够获得适宜的教育。分级性在体育教学中的应用表现为目标的层次性和阶段性特点，这两者共同促进学生的全面和连续发展。

（一）目标的层次性

目标的层次性意味着体育教学目标根据复杂性和深度不同而分级。在基础层面，目标通常聚焦于简单的运动技能和基本的体育知识，这为学生学习更高级技能和理解更深层次的体育理论提供了基础。随着学生能力的提升，教学目标逐渐过渡到更复杂的技能掌握和高级的理解水平。例如，在初级阶段，学生可能专注于学习跳绳或投篮的基本技巧；而在更高层次，学生将学习如何在比赛中应用这些技能，或如何将其融入更复杂的体育活动中。

（二）目标的阶段性

目标的阶段性特点体现在教学目标随着学生的年龄、成熟度及体育能力的提升而相应变化。在小学阶段，教学目标往往聚焦于培养学生对体育活动的兴趣、基本运动技能的形成以及团队合作意识的初步建立。这些目标重在打好基础，使学生能够在愉悦和安全的环境中享受体育活动，并养成良好的运动习惯。

进入中学阶段，体育教学目标则转向更加专注于技能的提升、体能的强化以及运动规则和策略的深入理解。在这一阶段，除了继续强化基础技能，教学还会引入更多的竞技元素和团队精神的培养，以准备学生参与更高水平的体育活动。同时，中学阶段的教学也开始注重培养学生的自我管理能力和对健康的认识，为其长期的体育参与和健康生活奠定基础。

到了高中及大学阶段，体育教学目标的层次性和阶段性均达到较高水平。这一阶段的教学目标不仅包括技能的进一步精进和专业化训练，还涵盖了运动理论知识、运动心理学、健康管理等更深层次的内容。在这一阶段，体育教学变得更加个性化和多样化，以满足不同学生的兴趣和需求，鼓励他们对体育活动进行深入探究和研究。同时，教学也越来越注重学生终身体育能力的培养，帮助他们发展成为能够自主进行体育活动、并将其融入日常生活中的个体。

四、体育教学目标的可操作性

体育教学目标的可操作性是确保教学有效实施和学生全面发展的基石。它涉及目标的实际价值、成功概率以及对学生个体和教学资源的考察。为了确保目标的可操作性，教师需要在目标设置、资源配置和教学实施等多个层面进行细致规划和调整。

（一）基于学生特性的教学目标制定策略

在目标设置层面，可操作性要求教师根据学生的具体情况设定合理的教学目标。这包括考虑学生的年龄、身体条件、兴趣、学习背景及其发展潜力。对于初学者或年龄较小的学生，教学目标应重在基础技能的掌握、运动习惯的养成以及对体育活动的兴趣培养上。而对于经验丰富或技能水平较高的学生，目标可以更加注重技能的进一步提升逻辑性、创新性思维的培养和专业知识，提高体能以及竞技能力的培养。

（二）设计教学目标的重要因素

教学目标的设定还需要考虑教学资源和环境因素。良好的教学设施、充足的训练时间、高质量的教材和设备等，都是目标实现的物质基础。而教师的专业素质、教学方法和策略的选择则构成了目标实现的方法论支持。一个合理的教学计划，不仅包含明确的目标和步骤，还应包含持续的评估和反馈机制，以确保教学活动能够有效进行并及时调整。

（三）教学目标的挑战性与可达性平衡

在确保教学目标的可操作性方面，教师还需要平衡目标的挑战性和可达性。设置过低的目标可能无法充分激发学生的潜能，而过高的目标则可能导致学生挫败。因此，一个好的教学目标既要足够具有挑战性以激励学生追求卓越，又要足够具有可达性以保证学生能够实实在在地取得进步。这需要教师不断地观察学生的反应、收集反馈信息，并根据学生的实际表现和反馈调整教学目标。

五、体育教学目标的适应性

体育教学目标的适应性要求教学活动能够灵活应对各种教学环境和学生需求的变化。例如，对于不同地区的学校，由于地理、气候和文化背景的差异，体育教学内容和方式可能会有所不同。在气候温暖的地区，可能更多地采用户外活动，如田径、足球等；而在寒冷地区，则可能更多地依赖于室内活动，如篮球、健身操等。

此外，体育教学目标的适应性还意味着要考虑到学生的个体差异，如性别、年龄、身体条件和个人兴趣。例如，对于体能较强的学生，可以设置更具挑战性的目标和活动，而对于体能较弱或有特殊需要的学生，则应提供更加个性化和适应性强的训练计划。这种差异化的教学方法有助于每个学生在体育课中都能找到适合自己的位置，从而更好地参与和享受体育活动。

在现代教育环境下，体育教学目标的适应性还包括对技术和社会发展的响应。随着科技的进步，比如可穿戴设备和虚拟现实技术的引入，体育教学可以变得更加智能化和互动性强。此外，体育教学目标还应考虑到社会健康趋势和生活方式的变化，如强调心理健康、减压和终身运动的重要性。

第三节

体育教学目标确定的再思考

从体育教学目标的特质及其功能性的分析，显而易见，体育教学目标构成了所有体育教育活动的起点和基石，也是教学过程努力实现的核心标准。据此，制定体育教学目标时，需慎重考虑这若干关键性因素。

一、从教学视角出发确立体育教学目标

长期以来，人们在理解学校体育目标与体育教学目标时存在认识上的差异，这种差异导致了对体育教学目标确立的一些误解。尤其是体质增强在体育教学中的重要性、体育教学与竞技运动之间的关系以及全面教育与运动技能掌握之间的平衡等方面，观点存在显著分歧。如果这些问题得不到妥善解决，科学的体育教学目标难以确立，教学实践也可能偏离其正确的轨道。因此，需要明确的是，学校体育目标与体育教学目标代表了两个不同的概念层次。在探讨增强体质在体育教学目标中的地位时，教育学家王策三教授强调[1]，教学为体育提供了科学的基础和方法论。学校体育课程的核心职能在于向学生提供促进身体健康和科学锻炼的理论知识以及方法指导。这种指导对学生的终生健康发展产生深远影响，而体育课堂教学对学生的身体、运动和体质发展的影响相对次要。由此可见，增强体质不应被视为体育教学的直接且唯一目标。

体育教学与竞技运动紧密相连，尤其在方法和手段上有许多共

---

[1]　王策三. 教育论集 [M]. 北京：人民教育出版社，2002：8.

性。但人们往往忽略二者的本质区别，缺乏对竞技运动在体育教学目标实现中作用的正确理解，导致在实现教学目标时出现偏差。竞技运动在学校体育中占据重要地位，将其定义为极限发挥人体潜能的系统训练和比赛，理论上已与体育教学划清界限，导致认识误区。因此，一些教师认为竞技运动不宜作为教学内容，或在教学实践中未能正确处理竞技运动教材，过分强调技术掌握和成绩追求，违背了教育性原则。这种理论和实践的偏差削弱了竞技运动在体育教学目标实现中的作用。

周爱光博士深入研究竞技运动概念，将其定义为具有规则性、竞争性、挑战性、娱乐性和不确定性的身体活动①。这种定义强调了竞技运动的多元性，有利于学生身心发展，因此应成为体育教学的重要内容。在将竞技运动纳入教学时，必须考虑教学对象的需求，使之符合实现教学目标的要求。

从更广泛的角度看，学校教育旨在促进人的社会化，体育教学也服务于此目标，这是确立体育教学目标时应考虑的因素。学校体育面临的挑战包括社会联系的学校体育与全民健身问题，以及个体联系的终身体育意识和能力问题。学校体育对学生健身意识和体育能力的培养，为全民健身运动奠定基础，将教学与全民健身紧密联系。

二、从满足主体与社会需要出发确定体育教学目标

在探讨体育教育的目标确定时，应深刻理解教育服务于社会发展的宗旨，并致力于培育出社会需求的人才以促进其进步。体育教育的最终目标为社会培养体格强健、具有体育锻炼知识与体育锻炼能力的社会主义接班人，同时拥有良好的锻炼习惯，在身心两方面

---

① 周爱光. 竞技运动异化论 [M]. 广州：广东高等教育出版社，1999：1.

都达到健康发展。尽管这一目标理想化了学校体育教育的追求，实际操作中则会存在多种层次和差异。

体育教学目标的确立，本质上是为了达成上述理想状态，即满足社会对于全面发展个体的需求，社会需要和学生主体需要是相互联系、相辅相成的。社会需要是宏观的，是相对于群体而言，侧重于公民基本素质与劳动力市场的一般需求。与此同时，体育教育还应当关注学生个体的需求，包括但不限于个性发展、成功体验和运动享受。这些需求虽然具体且多元，但与社会的需求并非孤立，二者相互关联、相辅相成。

在实践中，体育教育目标的确立应遵循两大原则：一是满足社会需求，二是满足学生个体需求。社会需求体现了一个更广阔的视角，关注的是整体公民素质的提升和劳动者的基本能力培养。而学生个体需求则从微观角度出发，强调在体育锻炼中寻求个性化发展和内在满足。二者之间既有重叠也有区别，需要教育者在实际教学中灵活调整和平衡。

体育教学的目标设定不仅要考虑社会和个体的现实需求，还要预见未来的发展趋势。随着社会的变迁，体育教育面临的挑战和机遇也在不断变化。因此，教育者需要不断更新观念，创新教学方法，以确保教学目标的时效性和实效性。同时，学生的个性化需求也呈现多样化趋势，教育者需倾听和理解这些需求，创设支持性的教学环境，使学生能在体育活动中找到个人意义。

三、融合学生实际与潜能发展的体育教学目标

体育教学目标在教育实践中履行评价与激励的双重功能。它通过衡量学生达到既定体育目标的程度来评估教学效果，此程度通常体现在学生的表现上。同时，体育教学目标还具有激励作用，鼓励

学生在认识到体育活动的价值和感受到个人进步的基础上进行自我超越。

体育教学目标的确立必须基于"以学生发展为中心"的理念。学生在生长发育水平、心理品质以及发展程度等方面存在差异，有些差异甚至相当显著。这些个体差异导致学生在体育意识、文化素养以及体育能力等方面的不均衡发展。教学目标的设计需要正视这些基本事实，只有这样，教学目标才能充分发挥其评价和激励功能，促进每一个学生的全面身心发展。

然而，体育教学目标的整体性和个性化的平衡在实际操作中颇具挑战。如何准确评估个体学生的发展水平，确定其发展的具体程度，以及设计合适的教学策略，都是需要解决的问题。传统的评价方法，如达标的体育技能测试和体育知识测验，虽然在某种程度上能够反映学生的学习成果，但它们往往忽略了学生个体差异，难以全面准确地评价学生在生长发育、心理发展以及体育能力等方面的实际水平。因此，我们需要更加科学、细致的评价体系，以更好地反映学生的全面发展情况，同时也为教师提供具体指导，帮助他们设计更加个性化的教学内容，以适应不同学生的需求。

第四节

基于核心素养的体育教学目标构建策略

体育课堂教学目标作为教学目标的最小单位，承载着体育学科核心素养的关键要素，最终需在体育课堂教学中得以体现。

根据《中国学生发展核心素养》和体育学科特点研发的"体育学科核心素养"，其旨在满足时代和学科发展的需求。文件中提出了通过课程改革落实核心素养，基于学生发展核心素养的顶层设计，指导课程改革，把学生发展核心素养作为课程设计的依据和出发点，进一步明确各学段、各学科具体的育人目标和任务，加强各学段、各学科课程的纵向衔接与横向配合。

虽然体育学科核心素养是课程的学科基础之一，但它并不等同于体育教学目标。体育学科核心素养包括"运动能力、健康行为与体育品德"等三个方面①。因此，在制定体育教学目标时，不能简单地复制体育学科核心素养的内容，而应该根据体育学科核心素养的具体内容进行缩小和细化。具体来说，体育学科核心素养的一级指标包括"运动能力、健康行为与体育品德"，而体育教学目标的设计应该逐级细化，以考虑这些一级指标下的更具体的要求。例如，对于"运动能力"这个一级指标，可以进一步划分为运动认知、技战术运用、体能、体育比赛等二级指标；对于"健康行为"，可以划分为健康知识掌握与运用、体育锻炼意识与习惯、情绪调控、环境适应等二级指标；对于"体育品德"，二级指标包括体育精神、体育道德与体育品格。②

综上所述，体育课堂教学二级目标的设计应该考虑一级和二级指标，以满足体育学科核心素养的基本要求。这一过程可以参考"三分法"思路，以确保体育教学目标与学科核心素养保持一致。

一、基于健康素养的认知目标

在体育课堂教学领域，强调认知目标，特别突出"健康知识"和"运动理论知识"方面的目标。其主要源自于"健康行为"核心素养的一级指标，但仅仅停留在这个层面还不够，需要更详细地

---

① 中华人民共和国教育部. 义务教育体育与健康课程标准（2022年版）[M]. 北京：人民教育出版社，2022：6.
② 邵伟德，齐静. 基于"体育学科核心素养"的体育课堂教学目标设计思路 [J]. 体育教学，2020，40（1）：6 –7.

细化这些目标，结合"健康行为"的二级指标。

在"健康行为"的二级指标中，包括了"体育锻炼意识与习惯""健康知识掌握与运用""情绪调控"以及"环境适应"。然而，"情绪调控"更多地涉及了心理健康目标，因此建议将其放入"情感目标"中。基于这一思路，建议在体育学科素养的基础上对"健康行为"二级指标进行筛选，将"健康知识"和"运动理论知识"作为体育课堂教学的认知目标。

具体而言，关于"健康知识"，我们可以包括身体健康和健身方面的知识，如身体管理、安全和卫生等。而"运动理论知识"可以涵盖各种运动项目的来源、技术要领、规则以及裁判等方面的知识。这些内容既可以在理论课程中传授，也可以在体育实践课程中贯穿，以确保学生在认知目标方面获得全面的教育。

二、基于核心素养的运动能力目标

在体育课堂教学中，与核心素养中的"运动能力"一级指标相关的是"运动技能目标"。然而，需要明确的是，"运动技能"与"运动能力"并非同义词。体育学科核心素养的"运动能力"包括多个二级指标，如体能、运动认知、技战术运用以及体育展示与比赛。我们认为，"运动技战术的概念、原理、方法等方面的学习"属于认知范畴，因此更适合作为体育课堂教学的认知目标。而"体育展示与比赛"本身就是"技战术的实践与运用"，因此，在体育课堂教学中，运动技能目标应主要侧重于"运动技战术的练习、掌握与运用"目标。[1]

---

① 邵伟德，等．第八次课改以来我国体育课程理论价值、问题审视与未来发展[M]．北京：中国书籍出版社，2020．

学生掌握运动技能需要不断学习、练习、复习和巩固，因此，体育课堂教学的"运动技能目标"主要指向运动技术的学练过程。竞赛活动本身就是"运动技术的运用与实践过程"，有助于有效培养学生的运动兴趣，并巩固他们之前学到的技战术。因此，在教学中引入各类游戏与竞赛活动有助于学生更好地掌握运动技能。

另外，如果体育课堂仅着重于单一的、重复的运动技术学习，课堂可能会显得枯燥乏味。因此，在运动技术的学练过程中，需要强调实践与运用，倡导开展各类游戏与运动竞赛活动。此外，由于运动技能的掌握需要基础的体能，在体育学科中，体能也是技能目标内容的重要补充。

三、基于核心素养的体育品德目标

在体育课堂教学中，与体育学科核心素养中的"体育品德"一级指标相关的是"情感目标"。这一情感目标与体育学科核心素养的"体育品德"二级指标，包括"体育精神""体育道德"和"体育品格"有密切联系。[①] 然而，我们需要注意，将这些概念简单地叠加并不足以构成体育课堂教学的情感目标。

情感目标需要更加具体和可操作，因此，我们建议将其内容更加详细化。情感目标的具体内容应包括与个人特征相关的"学习态度与情绪控制"等因素，同时也要包括涉及团队特征的"体育道德"。因此，体育课堂教学的情感目标可以更突出地包括"学习态度""体育精神""情绪调控（个人特征）"和"体育道德（团队特征）"等具体内容。

---

① 邵伟德，等. 第八次课改以来我国体育课程理论价值、问题审视与未来发展[M]. 北京：中国书籍出版社，2020.

具体来说，"学习态度"涉及学生对待体育课程的态度、积极参与度和热情程度。而"体育精神"涵盖了学生在体育学习中表现出的自尊、自信、勇敢和积极向上等特质。另外，"体育道德"包括尊重规则、裁判和对手，培养正确的比赛胜负观等方面的内容。通过更加具体和明确的情感目标，可以更好地引导学生在体育课堂中培养和发展这些重要的品德和特质。

总的来说，通过理论分析，明确了体育学科核心素养、体育课程目标和体育课堂教学目标之间的相互关系，在此基础上，为高校体育教学的开展提出了理论基础和思路。

第五章

高校体育教学内容的选择与构建

体育教育的核心构成要素莫过于教学内容。在体育教学改革的进程中，课程内容的创新显得尤为关键。本章旨在深入探讨体育教学内容的基本理论、多维层次分类，以及有效编排和筛选课程内容的策略。此外，本章还将对高等教育领域中生态体育课程的构建进行分析与研究，旨在为体育教学内容的创新与发展贡献新的视角和深刻见解。

第一节
体育教学内容基本理论

一、体育教学内容的概念

体育教学内容是指为实现体育教学目标所采取的体育知识和技能体系的选择与应用。在体育教学过程中，内容的选择基于教育者对体育和教育实践的经验进行综合分析，并遵循教育原则，从众多体育技能理论中精心挑选而成。这些教学内容不仅作为教师和学生之间信息交流的中介和媒介，而且对体育教学效果和质量的提升具有决定性影响。

因此，体育教学内容的合理选择和有效运用是提高教学质量的关键因素。

二、体育教学内容的主要特点

体育教学内容在教学过程中具有独特性，主要可以从以下六个方面加以总结和归纳。

（一）健身性

体育教学的核心目的是通过身体锻炼增强体质和健康。它不仅涉及体育知识的学习，还包括身体练习和技能的掌握。通过合理安排运动负荷和强度，体育教学能够有效增进学生的体质健康，这是其他教学内容所无法替代的。

（二）娱乐性

当代体育项目大多源自于游戏，因此体育教学内容自然带有乐趣性和娱乐性。这种性质在体育教学过程中表现为克服困难、团队合作、追求胜利等心理过程，以及学生体验新运动带来的成就感等方面。

（三）运动实践性

体育教学内容的实质是身体运动的实践，这是它区别于其他教学内容的显著特点。学生在体育学习过程中，需要将思维和行为结合起来，通过实际运动学习和身体练习来掌握教学内容。

（四）教育性

体育教学内容作为教育的载体，其选择应考虑其教育价值。这包括适用性、有益于学生身心发展、安全性、创新性和避免过度功利化等方面。

（五）非逻辑性

与其他学科不同，体育教学内容通常不遵循从简单到复杂的逻辑结构，而是呈现为复合螺旋式的安排。这种结构赋予了体育教学内容更大的灵活性，使其可以根据不同需求灵活选择和安排。

（六）人际交往的开放性

体育教学内容通常采用集体活动的形式，这与其他学科的教学形式有所不同，常涉及时空变换。因此，在体育教学中，无论是在运动学习、练习还是比赛过程中，学生间的交流和互动都非常频繁。与其他学科相比，体育教学在促进人际交往方面展现出更加显著的开放性。这种开放性不仅加强了教师与学生、学生之间的互动和联系，也有助于学生提高其社会适应能力。通过参与体育教学内容，学生能够更好地发展人际交往技能，这对其整体社会技能的发展具有重要意义。

综上所述，体育教学内容的特点在于其健身性和娱乐性，强调运动的实践性，注重教育价值，突出非逻辑性，并具有人际交往开放性的组织结构。这些特点共同决定了体育教学内容的选择和运用方式，以及其在教育过程中的作用和影响。

三、体育教学内容的层次

当探讨体育教学内容时，其构成可分为两个主要层面：宏观层面和微观层面。这种分层方法有助于更深入地理解和有效地组织体育课程，从而确保学生获得全面而均衡的体育教育。

（一）宏观层面

在宏观层面上，体育教学内容的结构分为三个主要层次，国家层次（包括国家设定的课程和教学内容）、地方层次（涵盖地区特定的课程和教学内容），以及学校层次（指学校特有的课程和教学内容）。

1. 国家层次

在体育教学的体系中，国家层次的内容主要由国家教育行政机关制定，涵盖了各类教学内容及对教学方法的行政规划与管理。这些内容不仅反映了国家的教育方针，而且为所有学校提供了教学活动的基本依据。在开发体育教学内容时，通常注重专业性和标准化，旨在确保学生在完成基础教育后，能够达到一定的体育素养。此外，在制定体育课程标准和教学大纲时，国家教育部门会考虑到不同教育阶段的特点和目标。通常情况下，由国家制定的体育课程和教学内容比地方层次的更为详尽和全面，因而在整个体育教学体系中占据主导地位。

2. 地方层次

地方级的体育课程和教学内容构成了学校体育教育体系的中间层次。在这个层次上，教学内容的开发是在遵循国家设定的体育教育阶段标准的基础上进行的。这些内容的制定需要紧密结合当地的实际情况，通常由省级教育行政部门或相应授权机构负责。地方级的体育课程和教学内容旨在更好地符合当地体育发展的需求和现状，从而更有效地利用当地的体育和教育资源，因此对于整个教育体系具有显著的重要性。

3. 学校层次

在体育教学体系中，学校层次的课程和教学内容形成了基础教学内容的下层结构。这个层面的课程和教学安排特点在于其多样化和选择性，主要由学校教师负责实施。在制定课程时，教师需以国家和地方的教学大纲为基础，并结合学校的教育理念，同时考虑学生的个性化需求和本校的特定环境。教师还需对本地社区和学校的体育资源进行有效利用，确保教学内容不仅符合国家教育政策，而且反映出地方特色和学校独有的教育风格，以满足每位学生的体育教育需求。

体育教学内容的三个层次：国家层次、地方层次和学校层次，共同组成了中国基础体育教学的整体内容架构。这一体系的有效运作依赖于国家教育部门、地方教育机构和各学校之间的紧密合作与协调。只有将三个层次协同配合，才能确保体育教学内容朝着更加科学和系统化的方向发展。

（二）微观层面

在微观层面上，重点是体育教学内容的具体实施和执行。这包括如何设计和安排体育活动、选择适当的教学方法、评价学生的参与和表现等。微观层面的内容直接影响教学的效果和学生的学习体验，因此需要教师具备灵活性和创造性，以适应不同学生的需求和背景。体育教学内容的微观层面可以划分为四个层次，每个层次针对不同的教学要素和目标。

1. 基本学习领域层次

这是微观层面的第一层，它直接对应于体育课程标准中的基本学习内容。以体育与健康课程标准为例，包括运动参与、运动技能、身体健康、心理健康、社会适应等五大学习领域。这一层次更多地关注于活动领域的描述，而不是传统意义上的体育教学内容。

2. 能力目标层次

这个层次是第一层的具体化，主要涉及能力目标的分析。它并非体育教学内容的常规定义，而是关注于如何实现教学目标。例如，体育与健康课程标准中水平目标，掌握运动的基础知识，识别和描述简单运动动作的术语（如蹲起、引体向上、原地高抬腿、前臂支撑）等。

3. 物质设施层次

这个层次涉及教学中使用的具体物质资源，包括硬件和软件等设施。这些通常是教学内容的物质支撑，如羽毛球、乒乓球、田径、游泳等运动项目及其相关的场地和器材。这层次符合体育教学内容的常规理解。

4. 具体练习方法和手段层次

最后这个层次专注于具体的教学方法和练习手段。这涉及特定教学内容（例如足球）的更详细的教学元素，如足球运动的各种练习方法、与足球紧密相关的游戏等。

综上所述，宏观和微观层面共同构成了体育教学内容的完整框架。国家、地方教育部门和学校在宏观层面上协同工作，确保教学内容的一致性和符合教育目标，而在微观层面上，则更侧重于教学内容的具体实施和适应性，以满足不同学生群体的需求。这种双层结构有利于在保持教育质量的同时，提供足够的灵活性，以适应不断变化的教育需求和社会环境。

四、体育教学内容的分类

体育教学内容的分类涵盖多种维度，反映了体育教学的多样性和复杂性，而有效的分类方法不仅有助于教师和学生更深入地理解体育教学的内容，还能促进他们更积极地参与学习过程。目前普遍认可的体育教学内容分类方法主要分为以下几个主要类别。

（一）基于教学目标的分类

在体育教学中，按照教学目标进行分类是一种常用的方法，涵盖了多种专项练习，包括掌握各类体育运动技能、学习科学的锻炼方法、增强安全意识和能力、促进体能发展、提升学生的心理素质、增强社交交往能力，以及提高基本活动能力等。这种分类法不仅让体育练习更加目标明确，而且有利于打破过于侧重竞赛成绩的传统教学模式，确保学生能全面接受并深入理解体育教学的各个方面。

（二）基于体育功能的分类

根据我国体育课程的官方文件，这种分类方法依据三维健康观念和体育的核心特质，以及体育与健康课程的目标，对体育课程内容进行了全面重构。具体来说，体育教学内容被细分为五大领域：参与各类运动活动、掌握运动技能、促进身体健康、增强心理健康，以及提升社会适应能力。这种分类不仅明确了体育教学的多维目标，也促进了教学内容的系统化和全面化。

（三）基于人体活动能力的分类

在体育教学实践中，基于活动能力是一种常见的分类方法，即根据基本的运动动作如走、跑、跳、攀登等来分类，并据此重新组织和安排各类运动项目和身体练习。这种分类方式具有较高的灵活性，不受传统体育运动项目的严格限制。因此，它尤其适合于低年级学生，有助于培养他们的基本运动技能和活动能力。然而，这种方法在提升更高级的体育运动技能和体能方面可能存在局限，可能不足以满足高年级学生的学习需求，从而影响他们对体育运动的兴趣和参与动力。

（四）基于身体素质的分类

在体育教学中，提高学生的身体素质被视为一个主要目标。基于身体素质的分类方法按照不同的体能要素进行划分，如力量、速度、柔韧性、灵敏度、耐力等，以及与动作技能相关的体能（如敏捷性、节奏感和动作的精准度）和与健康相关的体能（如身体成分、心肺耐力、关节灵活性）。这种方法涉及对各种运动项目和身体练习的再分类和组合，目的是针对性地提高学生在这些方面的能力。

这种分类方法在发展特定体能方面具有明确的目标和高度的适应性，能有效地帮助学生理解和掌握不同体育项目的技能和体能要求。然而，它也存在一定局限性。例如，不是所有体育运动项目都以提高特定身体素质为主要目标，这在处理这类运动项目时可能导致分类上的模糊不清。此外，过分强调身体素质的发展，可能使学生在体育运动的文化和历史特性的理解上产生偏差，从而影响学生对体育运动文化方面的全面认识。

（五）基于运动项目的分类

根据不同运动项目的名称和内容进行细致划分，大致包括球类运动、体操、田径、武术、体育舞蹈、冰雪运动和水上运动等。这样的分类是体育教学中常见的一种教学内容组织方式，它在多个方面易于理解，极大地帮助学生认识和掌握体育运动的文化。然而，这种分类方式可能导致一些未被纳入正规体育比赛项目的运动项目被忽视。即便是正规比赛的项目，由于其规则和技巧的高水平要求，可能不适合学校体育教育的框架。因此，若要纳入体育教育体系，这些项目需要进行适当的调整。但是，经过这样的调整，教学内容可能与原始运动项目存在显著差异，这在内容上可能更难以识别，并可能对学生理解和掌握各项运动产生较大影响。

（六）多维融合分类方法

该方法是一种多维度的教学内容组织方式，它将基础内容与选修内容、理论知识与实践活动、各类体育运动的基本技能教学与身体素质提升训练交织在一起。此方法能够精确地反映学生不同年龄段的身心发展特征和学习需求，对实现体育教学目标具有显著的促进作用。它既保留了各项运动的独特性和系统性，又增强了体育活动对学生体能锻炼的实际效果，实现了技术教学和身体锻炼的互补和同步发展。然而，这种分类方法缺乏统一的衡量标准，可能会在一定程度上引入混淆和不一致性。

根据上文所述，我们可以理解体育教学内容的分类方式是多元且复杂的。体育教学的内容可以根据不同的层次进行分类，并且在每个特定层次上可以应用各种不同的分类方法。然而，关键在于在同一层次内，必须坚持使用统一的分类标准来进行划分。

第二节
体育教学内容的组织与选择

一、体育教学内容的组织

（一）体育教学内容的组织方式

在体育教学内容的布置中，我们观察到一种周期性重复的模式。所指的"循环"是指在教学活动中对同样的体育内容在不同学段、年级中进行反复而有规律的安排。这些循环可能按照课程、单元、学期或学年来设定，有时甚至针对特定学段进行。例如，若在一次体育课中安排了篮球投篮训练，然后在接下来的课程中继续安排相同的投篮练习，这就形成了以课程为周期的循环。同理，如果在一个学期安排足球盘带技术的训练，在下一个学期又重新安排相同的盘带练习，这便是以单元和学期为周期的循环。

基于内容特性，我国体育教育学者对教学内容进行了分层管理，形成了四种不同的教学内容层级，每种层级都配备了相应的组织策略。

(1) 对于深度学习内容，采用逐层加深的螺旋方法；(2) 对于基础知识内容，采用增强型直线方法；(3) 对于初步介绍内容，采用简约型直线方法；(4) 对于锻炼技能内容，采用简约型螺旋方法。

从中可以明显看出，体育教学内容的结构主要采用两种方法：螺旋式和直线式。螺旋式编排指的是随着学生年级的提升，同一运动项目的教学内容反复出现，每次都会提升教学难度和深度的方法。而直线式编排则意味着一旦学习了某项体育运动或身体训练的内容，基本上不会再次出现，教学内容呈现一次性、直线性发展。

这些组织策略充分适应了课程标准对体育教学内容的各项要求，它们基于体育教学自身的理论基础，并与当前体育教学的实际情况紧密结合。这种创新性的整合与组织有效地调和了教学内容的多方面需求，确保了其在体育教学过程中的合理性和连贯性。因此，这些编排方式在未来相当长一段时间内都将保持其高度的实用性和有效性。

(二) 构建体育教学内容结构的考虑因素

在构建体育教学内容的结构时，必须对以下几个关键领域进行细致的审视和深思。

1. 全面评价学生的能力水平及实际需求

在组织体育教学内容时，需深入分析学生的基本能力和需求。目的是确保教学内容贴合学生的具体情况，促使体育教育的质量不断进步。这要求教育内容必须与学生的实际水平和需求相协调。体育教师在课程设计时，不应单纯关注运动本身的难度，而应综合考虑学生的需求、体能、运动技术水平和发展阶段等因素，以便制订出既符合学生实际情况又能促进其全面发展的体育教学方案。

2. 认真考虑体育项目和身体锻炼的独特属性

在组织规划体育教学内容时，教师应专注于学生运动技能的获取、精炼、强化、提升及其应用。课程的设计不应只局限于知识传授，而应更加重视知识的实际应用和技能的实践操作，确保学生能够将所学的理论知识有效转化为运动技能和生活实践。

二、体育教学内容的选择

（一）体育教学内容选择的主要依据

在体育教学内容的选定时，应基于特定的标准、明确的目标进行筛选。详细来讲，制定体育教学内容的依据主要集中在以下几个重要方面。

1. 基于体育课程目标来选择

在体育课程设计中，课程内容的选择旨在实现教学目标，而非成为目的本身。体育课程的目标具有多样性，同时体育运动和身体锻炼的种类也显示出可替换性，从而为教学内容的多样化选择提供了可能。体育课程目标之所以成为教学内容选择的关键依据，在于其在课程制定过程中扮演的先导角色和指引方向。这些目标是经过专家的深思熟虑和合理论证，对教学的各个方面都进行了周密的考虑。因此，在选择体育教学内容时，必须严格遵循这些经过验证的教学目标，因为每个体育课程目标都与特定的课程内容相对应。

2. 基于学生需求和身心发展规律来选择

在挑选体育教学内容时，优先考虑学生的需求是关键。体育教学的根本目标是促进学生的身心健康发展，因此，在选择教学内容时，学生对体育活动的需求和兴趣成为重要因素，这对于实现有效学习至关重要。学习过程需要学生的积极参与，而这种参与依赖于学生的主动性和努力。一般情况下，学生对于感兴趣的内容更加积极参与，这不仅提升了学习动力，也增加了学习效率。这与教育学者的观点相吻合：如果学习是出于被迫而非兴趣，那么这样的学习在某种程度上可能是低效的。研究表明，尽管大学生热衷于参加课外体育活动，但对于缺乏趣味性的正规体育课程却显得不太感兴趣，这说明了教学内容趣味性的重要性。

学生对体育教学内容的吸收和接纳程度与其身心发展的规律和个人特点紧密相关。因此，在体育教学内容的设计中，必须确保所选内容既适合学生的接受能力，又能引起他们的兴趣。在确定体育教学内容时，学生的个性化特征成为影响教学元素选择的决定性因素。这意味着，在制订教学计划时，绝不能忽视学生的具体需求和实际情况。

3. 基于社会发展需求来选择

学生的成长与社会进步紧密相连。因此，在挑选体育教学内容时，必须同时顾及学生个人的需求和社会发展的趋势。体育教育在培养学生健康素养方面起着基础性作用，意味着在制定教学内容时，不仅要关注学生的直接需求，也要考虑他们未来融入社会所需的体育能力。这就要求体育教学内容不仅要满足学生在社会各个层面的需求，还需与他们的日常生活和社会环境相结合，使学生能够感知其实际价值，进而达成教学目的。因此，确保体育教学内容与社会现实相契合，对于学生的全面发展具有重大意义。

4. 基于体育教学素材特征来选择

（1）非线性的内在逻辑

体育教学素材的主要特征之一是缺少强烈的内在逻辑联系，这影响了教学内容选择的方式，不能简单地依据难易程度或学生能力来划分教学内容。例如，体育教学通常是按照各自独立的运动项目来组织，如羽毛球、田径、游泳和乒乓球等。尽管这些项目在表面上可能看起来有所关联，但它们之间的联系并不总是明确，并且缺乏固定的先后顺序。这种特性导致了教学内容之间往往是平行和独立的，难以判定某一运动项目是否是另一个项目的前置基础。因此，体育教学内容的内部结构和顺序确定起来较为困难。

（2）多功能性和可替代性

在体育教学领域，"一项多能"和"多项一能"是两个重要特点，它们凸显了运动项目的多功能性和相互替代性。

"一项多能"指的是一个单独的运动项目能够实现多个体育教学目标。以跳绳为例，这项活动不仅能够增强体力和协调性，而且既能作为一种娱乐活动，又能作为竞技项目。因此，跳绳具有多重用途：它可以作为健身锻炼的一部分，用于休闲娱乐，甚至在竞技层面发挥作用。

"多项一能"强调了不同运动项目之间的互补性。例如，如果目标是增强心肺功能，可以选择多种运动来达到这一目的，如跑步、游泳或骑自行车。类似地，如果追求的是放松和娱乐，羽毛球、乒乓球或慢跑等多种运动均可作为选择。

这些表明，实现特定的体育目标不必依赖于单一的运动项目。不同的运动可以实现相同的训练效果，展现了运动项目的可替代性和多功能性。因此，在选择体育教学内容时，不必局限于某一特定项目。这为教学内容的设计提供了更大的灵活性和多样性，有助于满足不同学生的需求和兴趣。

（3）种类繁多，全面掌握难

体育运动项目的种类繁多且复杂，这在一定程度上增加了对其进行有效分类和教学的难度。自人类文明的开始以来，已经发展了多样化的体育项目，每种运动都有其独特的技能要求和对练习者身体素质的不同需求。由于这种多样性和复杂性，很难找到一位体育教师能够精通所有体育项目。因此，在体育教师的培养中，强调他们在专业领域的深入了解同时具备多方面的能力成为一项重要要求。同时，体育课程的设计者面临着挑战，如何在考虑地域和教学条件差异的前提下，筛选和整合适宜的运动项目，以及编撰能适应各种环境的教学材料，这无疑是一个复杂而艰巨的任务。

（4）项目间的乐趣差异性

以排球和橄榄球为例，这些运动的魅力在于紧张刺激的直接对抗，通过队员之间熟练的技术和战术配合来赢得比赛。同样，在网球或羽毛球等运动中，双方选手需在各自场地上通过技巧和配合将球打入对方区域以赢得得分。这表明，每项体育运动都有其独特的乐趣和吸引力，这一点在选择体育教学内容时不容忽视。这种体育运动中的乐趣特性是快乐体育理论的实证基础，该理论在体育教育改革进程中发挥了关键作用。

（二）体育教学内容选择的原则

体育教学内容选择的原则是指在规划和实施体育课程时，教师和教育决策者应遵循的基本规范和指导思想，以确保教学活动的有效性和适宜性。

1. 健身性与文化性相结合

在高校体育教学中实施"健身性与文化性相结合"的原则，强调了两个核心方面的平衡：一是以"健康第一"为指导思想确定课程内容，二是重视课程内容的体育文化含量。这一原则对于高校体育教育的发展具有深远的意义。

首先，"健康第一"的指导思想要求体育课程设计和实施首要考虑学生的身心健康。这意味着在选择和安排体育课程内容时，必须优先考虑到能够满足学生健康需求的项目。例如，选择那些能有效提升学生体质、增强免疫系统功能和促进心肺健康的活动。同时，体育活动的选择也应考虑到心理健康的层面，如通过团队运动来增强学生的社交能力，通过挑战性的体育活动来提高学生的自信心和应对压力的能力。这样的教学安排可以帮助学生在保持身体健康的同时，也能促进心理健康的发展。

其次，体育教育不仅是身体训练的过程，也是文化传承和认知发展的重要途径。重视体育课程内容的文化内涵意味着在课程中融入具有不同文化背景的运动项目，既传授学生这些活动的技巧，也教育他们了解这些活动背后的历史和文化价值。例如，教授太极或瑜伽等传统体育项目，不仅可以提高学生的身体素质，还可以使他们了解这些活动的文化背景和哲学思想，从而培养学生对多元文化的理解和尊重。

综上所述，将"健身性与文化性相结合"的原则应用于高校体育教学内容的确定中，旨在确保体育教育既能促进学生的身心健康，又能丰富他们的文化认识和人文素养。这种教学方式不仅有助于学生的全面发展，也与当代高等教育的综合培养目标相符合。

2. 选择性与实效性相结合

在高校体育教学中实施"选择性与实效性相结合"的原则是非常重要的，这一原则关注于确保体育课程内容既能满足学生的个性化需求，又能有效促进他们的身心健康发展，同时还要与大学的整体教育目标相协调。

　　首先，选择性的实施主要体现在课程内容的多样性和对学生兴趣的适应性上。由于大学生群体具有广泛的兴趣和不同的身体条件，提供多样化的体育项目成为必要。这包括球类运动、力量和耐力训练、传统体育项目等，从而使学生能够根据自己的兴趣和能力选择最适合自己的项目。这样的多样化不仅增加了学生对体育活动的兴趣，还能提高他们的参与度。

　　其次，实效性的考虑要求课程内容必须对学生的身心健康发展有实际益处。有效的体育课程不仅应提高学生的身体素质，也应促进心理健康和社交技能的发展。例如，团队运动和竞技活动能够帮助学生学习团队合作、领导力和应对压力的技巧。这些技能对学生的整体发展至关重要。

　　此外，课程内容的设计还需要考虑到学生未来的生活和职业需求，以及与大学整体教育目标的一致性。体育课程应帮助学生建立终身运动的习惯，提高他们的整体健康水平，并为他们未来的职业和社会生活打下坚实的基础。

　　3. 科学性和可接受性

　　体育教学内容不仅要与学科发展相适应，与体育学科的最新发展和成果相结合，而且要充分考虑大学生的身心发展规律、兴趣爱好，并适应社会发展的需求。

　　首先，科学性的原则意味着体育教学内容需要与体育科学的最新理论、技术和方法保持一致。这包括将最新的运动生理学、运动心理学、运动生物力学等研究成果融入教学，以确保学生在科学指导下进行有效且安全的体育活动。同时，教学内容的更新和改进应成为一个持续的过程，以反映体育学科的不断进步。

　　其次，可接受性的原则强调教学内容应遵循大学生的身心发展规律，并充分考虑他们的兴趣和需求。这要求体育课程设计提供多样化的体育项目选择，从而满足学生个性化的健康和兴趣需求。同时，教学内容的设计还需要考虑社会发展趋势，如培养学生的团队合作能力和竞争意识，以适应未来职业和生活的需求。

为了实现这些目标，高校应采取一系列策略，包括定期更新课程内容以反映最新的科学研究成果，采用多样化的教学方法以适应不同学生的学习风格，增设选修课程以提供更多自主选择空间，以及将社会实践活动融入体育教学，增强教学的社会适应性。

总之，"科学性和可接受性相结合"的原则强调了体育教学内容的科学基础和对学生需求的敏感性，以及对社会发展趋势的适应性。通过实施这一原则，高校体育教学不仅能提高其科学性和效果，还能增加学生的参与度和满意度，促进学生的全面发展。

4. 民族性与世界性相结合

在高校体育教学内容的确定中，融合"民族性与世界性相结合"的原则对于形成具有时代性、发展性、民族性和中国特色的体育教学内容具有重要意义。这一原则旨在通过融合中国丰富的民族传统体育和吸收世界各地的优秀体育文化，形成一个既体现时代性、发展性、民族性，又具有中国特色的全面体育教学体系。

首先，关于民族性的弘扬，重点是传承和推广中国悠久的体育历史和丰富的民族体育项目，如太极拳、武术和龙舟等。通过将这些传统体育项目纳入课程内容，不仅能够保持民族文化的连续性，还能增强学生对中华文化的认同和自豪。这样的教学方式不仅传授了体育技能，更是对民族文化精神和价值观的一种教育。

其次，结合世界性的体育文化至关重要。这意味着从全球范围内吸收和融合各国的优秀体育文化，如足球、篮球和网球等国际流行的体育项目，以丰富学生的体育经验并提升他们的国际视野。这样的融合不仅有助于学生了解和尊重不同的文化背景，还促进了国际间的文化交流和理解。

再次，体育教学内容的时代性和发展性也不容忽视。这要求体育教学内容应紧跟时代的步伐，反映现代体育科技的最新成就和发展趋势，如科学的健身方法、运动心理学的应用等，以提高教学的现代性和科学性。通过不断的创新和发展，体育教育能够更好地满足当代大学生的体育需求。

最后，体育教学内容的选择需体现中国特色，如结合中国的社会发展背景，讲述中国体育发展的历史和未来趋势。这种方法不仅使学生更加了解和自豪于自己的国家，还能够加强对学生的爱国主义教育，培养他们的国家认同感和民族自豪感。

将"民族性与世界性相结合"的原则应用于高校体育教学内容的选择，旨在保持和弘扬民族体育文化，同时吸收世界各地的优秀体育文化，形成既具有民族特色又具有时代感和国际视野的体育教育体系。这种综合性的教学内容不仅有利于学生身心的全面发展，还能培养他们成为具有国际视野和爱国情怀的全面发展的个体。

(三) 体育教学内容筛选的步骤

在筛选体育教学内容的过程中，需要基于一系列依据和原则，并遵循特定步骤，整个选择过程可以分解为以下四个关键步骤。

1. 评价体育素材的价值

在挑选体育教学内容时，体育教师须密切关注当代社会的各项发展，包括生产生活方式、科技进步和教育趋势。教师应基于对社会发展及其对人类需求和影响的深入理解，对现有的体育教学素材进行周密的分析和评价。这一过程中，教师须认真考虑所选教学内容是否有助于促进学生的身体健康、是否能激发学生主动参与体育锻炼的积极性，以及是否能对学生的思想品德产生积极影响。经过这样的综合分析和论证后，教师应选择最适合的教材内容，以实现高效和有意义的体育教学。

2. 整合运动项目和练习方式

在制定体育课程时，考虑到不同的运动和锻炼方式对学生的心理和生理健康有着各异的影响至关重要。选定教学内容的过程应当始终围绕学校所定的体育教学目标展开。具体做法是，深入探究各种体育活动如何促进学生身体各个方面的成长和发展。在此分析的基础上，综合考虑不同的运动项目和锻炼方法，对它们进行有效的整合和优化，以便将这些活动转化为切实可行的体育教学内容，从而满足学校的教育目标和学生的发展需求。

3. 选取有效的运动项目

体育运动项目具有多样性和可替代性，选择时须权衡教学资源和时间的限制，以及学生的身心特点和兴趣。教师应选择那些最能满足学生需求、最具代表性和普遍性的体育项目，以优化教学效果和效率。

鉴于大多体育运动项目都能作为学校体育教育的主要素材，并且在多功能性和目标多样性上的特点赋予了这些项目一定的可互换性，学校体育课程在选择运动项目时拥有较高的灵活性。然而，受限于体育课时数的限制，不可能教授所有体育运动项目和身体练习。因此，体育教师需要根据社会需求和实际条件，综合考虑学生不同发展阶段的身心特征和兴趣爱好，精心挑选出具有代表性和普遍性的体育运动项目和身体练习，作为学校体育教学的主要内容。

4. 分析选定内容的可操作性

在确定了体育教学内容之后，对该内容可操作性的评价是至关重要的，分析当地的地理和气候条件，以及学校的场地和设备条件，如何可能限制或影响教学。在考虑这些独特环境因素的基础上，确保教学计划的实际可执行性是必要的。同时，考虑到不同地区和学校的特殊情况，应当为教育执行提供一定的灵活性，以便教师在实施选定的体育教学内容时有足够的调整空间。

第三节

新教育理念下体育教学内容体系的构建策略

我国体育教学内容体系，包含理论和实践两部分，已有数十年历史。长期以来，体育教学过分侧重于运动技术教学，如体操、田径和球类运动，这导致教学内容与学生身心发展目标及社会需求存在脱节。当前教学模式虽重视运动技能，但未能充分满足学生的全面发展和社会实际需求。因此，重构体育教学内容体系，使之更加贴近社会需要与时代发展，符合学生身心发展特点，并对不同年龄阶段的学生提供适宜的体育教学内容变得至关重要。这要求提高教材选择的灵活性和实效性，促进学生形成社会所需的素质结构和提高社会化程度，从而提升体育教学的整体效果。

一、体育教学内容的结构特征

体育教学内容的结构关键在于内容间的分工与配合，旨在帮助学生掌握体育知识、技能，培养品格，并进行有效的体育方法训练。这一结构需同时满足社会和学生的需求。学生的需求主要是激发其学习动机和行为，而社会需求则关注教育目标的实现。教学内容的优化组合是关键，既要促进学生的全面发展，也要满足社会对人才的要求。虽然社会和学生需求在层次和时间上可能不一致，但体育教学内容结构应综合考虑这些差异，确保教育目标的有效实现。

（一）体育教学内容结构的目标导向性

体育教学内容结构应具备明确的目的性，即它必须与学生的需求及社会需求相一致。这种目的性包含两个层面的含义：一是体育教学内容应与学生在不同学习阶段的需要相匹配，体现出结构的层次性。例如，在小学阶段，重点放在提高对体育的兴趣、发展基本运动能力、培养自尊心和团队精神；而中学阶段，则应调整教学内容，更加强调技术技能的提升和体育知识的深化。二是体育教学内容应有利于学生形成全面的认识结构、技术技能、能力结构和体育方法结构，为学生的体育知识、技术技能、体育方法和终身体育能力的形成提供一个理想的支持网络。

（二）体育教学内容结构的互联性

体育教学内容的选择应具有广泛的互相联系性，能够扩大学生的知识范围，打下良好的运动技术技能基础，并建立健全的能力结构。联系性表现在两个方面：首先是横向特点的广泛性，即体育教学应包括保健、营养、卫生、锻炼原理、竞赛规则等基本知识，以及多样化的运动技术技能和练习方法；其次是纵向特点的复合性，体育教学内容应随着学习进程逐步深化，多种内容协同发展，形成纵向的复合性。这种结合有助于提高体育教学内容结构的全面性和协同性，为学生的创造性发展创造条件。

（三）体育教学内容结构的相容性

体育教学内容结构的相容性意味着教学内容内部的相互渗透和贯通。只有当内容体系相互联系，形成一个完整的知识体系，才能产生共轭效应。这种相容性要求不同的内容之间彼此相容，同时体育教学内容健身效果的共性和优势现象也应对身心发展产生相容性效应。相容性使教学内容选择更加灵活，体育知识技能更具综合性。

（四）体育教学内容结构的适应性

体育教学内容结构需跟上体育科学的发展步伐和社会发展的需要，因此必须具备适应性。随着体育科学研究的深入和社会对人才综合素质要求的变化，教学内容结构也应不断调整和更新。例如，现代社会对人才的竞争力、创造力和心理素质提出了更高要求，这些都应在体育教学内容结构中得到反映。因此，体育教学内容结构应始终处于动态变化之中，以适应社会和学生的不断变化的需求。

（五）体育教学内容结构的实践本质

体育教学内容结构的实践性是其核心特征之一，源于体育学科本质上以实践活动为主导。在这个结构中，体育的基础知识不仅是理论的阐释，更是实践活动的指导方针。这样的教学内容旨在构建一个以体育实践为核心的知识体系，确保理论学习与实践活动紧密结合。实践性内容应注重对学生身心健康的正面影响。

实践活动不仅有助于增强学生的体能，还对他们的心理健康产生积极作用。因此，教学内容的选择和组合应以促进学生全面健康发展为目标，同时考虑到各种体育活动对实现教学目标的贡献。这也意味着需要在内容之间寻找优势互补。不同的体育活动和技能学习应相互支持，共同构建一个多元化且协调的教学体系。这种结构不仅展示了教学内容改革的独特优势，还体现了多种内容结合所形成的综合优势。这种综合优势能够更好地满足学生的多样化需求，并促进他们在各方面的均衡发展。

二、体育教学内容体系的构建必要性

体育教学内容的设计不仅关乎内容选择，更关键在于如何实现学校体育的终极目标：全面的身体教育与培养、终身体育能力和习惯，以及体育生活化。这要求学校体育课程教学内容体系基于对体育学科知识的深入研究，促进体育学科系统化发展。

体育课程目标因学生年龄和发展特征而异，但都围绕学生对体育基本知识、技术的学习和能力逐步提升。学生应熟练掌握至少两种体育运动技术，提升运动技能，增强体育能力，使学校体育学习服务于终身体育。这过程要建立有助于实现目标的体育教学内容知识系统，各学科课程必须有完备的知识体系。

新课程改革实施"国家、地方和学校"的三级管理体制，提高课程学习与教育的灵活性。国家制定课程标准，地方和学校选择教学内容。但这不意味着国家只负责课程目标，忽略了教学内容和课程设计的完整性。教学内容的规定性是确保课程能实际应用和执行的关键，为课程提供实践层面的具体指导。在教学层面上，教学内容应有大致框架和范围，体现国家对文化传播的控制，保证文化安全；同时保证教学内容的连续性和知识的系统性，提高教学效率，避免教学断裂。

因此，体育教学内容的设计和实施需满足国家教育目标和体育学科发展需求，兼顾学生个性化发展和社会发展要求。这要求教师深入理解体育学科，熟练掌握教学内容，教育系统灵活调整教学内容，适应社会和学生需求变化。

三、构建体育教学内容体系的设想

从《全国普通高等学校体育课程教学指导纲要》中，能明显看到体育教育在各学习阶段内容的衔接和体育知识系统性的考虑。以对"运动技能目标"的表述为例，其对学生的基本目标要求是"熟练掌握两项以上健身运动的基本方法和技能"，而对学生的发展目标提出更高的要求"积极提高运动技术水平，发展自己的运动才能，在某个运动项目上达到或相当于国家等级运动员水平"。这种由浅入深的教学模式体现了对学习目标递进性和知识技能系统性的深刻认识。

事实上，在高校体育教育中存在着一些挑战，特别是在保持教学内容递进一致性方面。例如，如果大学一年级学生学习的是啦啦操和健美操，而大学二年级学生则转向学习网球和羽毛球，这种不同类型体育项目的转换可能会打破教学内容的连贯性，从而影响学生系统地掌握技能的能力。这就要求我们在设计体育课程时，不仅要考虑到不同年级之间的内容衔接，还要确保教学方法的连贯性和有效性。

为了解决这一问题，必须采取一系列重要措施来保证高校体育教育内容的系统性。首先，国家层面的课程规定性是基础。这意味着在合理分类的基础上，为不同年级和水平阶段提供综合体育教学内容，并明确规定教学内容在各阶段的递进关系。这种规定不仅提供了一个清晰的指导框架，也为地方和学校层面的教学内容选择提供了基础。地方层面的教学内容选择也十分重要。各地区应根据本地实际情况，选择适合本地教学环境的体育教学内容。这种灵活性在保持国家层面规定性的同时，也考虑到了地方的特色和需求。

其次，学校层面的体育教学内容选择是实施这一体系的关键。学校可以根据国家和地方的规定，结合自身的特点和条件，选择合适的教学内容。这样，学校可以建立一个既有条理又灵活的体育教育体系，有利于实现教学内容的连贯性和递进性，从而提高学生的学习效率和技能掌握能力。

总结来说，高校体育教育的成功依赖于系统性的教学内容规划和实施。这不仅需要国家、地方和学校三个层面的紧密配合，而且需要每个层面内部的教学内容、方法和目标之间的连贯性和递进性。通过这样的多层次、系统性的方法，我们可以更有效地提升学生的体育技能，培养他们对运动的热爱和长期的身体健康。

四、新教育理念下体育教学内容体系的构建策略

体育教学内容的复杂性和多样性与体育本身一样庞杂，但认真分析和深入研究这些内容中的多重逻辑线，并在不同层次上将这些逻辑线有机串联或并联起来，对于明确和整合体育教学内容的逻辑结构具有至关重要的意义。在新课程改革中提出的"目标统领内容"的核心理念，与体育新课程改革中所倡导的"根据目标选择内容"的原则相通，实际上都代表着一条统一的逻辑线，旨在将体育教学内容有机衔接起来。因为一旦制定了体育课程的总体目标，由此衍生出的各个阶段性课程目标将具备较强的指导性作用，这些目标不仅需遵循学生身体发展的规律和基本素质发展的敏感期，还必须充分考虑学生从简单到复杂的学习过程以及感觉、知觉、表象等认知规律等方面的特点。

（一）构建体育教学内容结构体系的逻辑起点辨析

在探讨体育教学内容构建时，确定体育教学内容体系的"逻辑起点"是至关重要的。这一概念基于四个核心要素：最基本的"质之规定"，构成研究对象的基本单位，贯穿理论发展的全过程，以及有助于构建完整科学理论体系的范畴。这些要素共同定义了体育教育理论的基础和发展方向。

首先，将"以人为本"作为体育教育学的基本逻辑起点。这一观点虽然抽象，但对于构建大中小学阶段互为衔接的体育课程体系至关重要。体育课程内容体系的"质之规定"不仅应作为体育课程的基础单位，还应响应体育课程实施主体的内在需求。此外，这一

"质之规定"还应在整个教育阶段中发挥作用，并有助于形成一个连贯、完整的学科体系。

探讨体育课程内容体系的最基本"质之规定"，其核心在于理解体育本源与运动主体即"人"之间的内在联系。体育的本源应与青少年学生对体育的内在需求相符合。虽然对体育本源有多种理解，但普遍认为，体育起源于"游戏"，这不仅符合体育的一种起源，也满足青少年学生对非功利性体育的需求。因此，青少年对体育的自然选择成为体育课程的逻辑起点，这一选择更多是从体育课程主体的内部视角出发，而非外部因素。进一步而言，体育教学的持续性视角来考虑，终身体育习惯的培养应成为大学体育教学内容体系的目标，以促进不同年龄阶段体育教学内容的衔接和发展。

因此，根据上述"逻辑起点"的要素，体育教学内容重构的逻辑起点应满足四个基本条件：首先，教学内容应引起学生的强烈兴趣；其次，教学内容应能够成为学生终身体育活动的一部分；再次，课程内容应具备连贯性，确保学生能掌握 2 项运动技能；最后，教学内容应适合班级教学环境，并能够促进学生之间的积极互动。这样的体育教学设计，不仅能够满足学生的内在需求，还能够促进其长期的身体和心理健康发展。通过这种方法，体育教育不仅是传授技能和知识，更是培养学生终身运动习惯和健康生活方式的重要途径。

（二）构建体育教学内容结构体系的原则

大学生对体育学习的持久兴趣和参与是至关重要的。众所周知，体育运动不应被视为一种短暂的活动，而是一个终生的过程。"授之以鱼不如授之以渔"这一格言深刻体现了体育教学的真谛：不仅是教授技能，更重要的是激发长期的运动兴趣和培养稳定的运动习惯。在这个过程中，"运动兴趣""成功体验"和"运动习惯"

构成了高效体育教学的核心要素。

1. "运动兴趣"是培养青少年运动习惯的起点

体育课程的设计和内容选择应当考虑到如何激发和维持学生的兴趣。这不仅包括提供各种各样的体育活动选择，还包括创造一个鼓励探索和享受运动本身乐趣的环境。如果教学内容单一乏味，不仅无法吸引学生，还可能使他们对体育产生厌倦感，导致他们对体育活动的持续参与感到沮丧。

2. "成功体验"有助于培养运动兴趣

这种体验可以通过多种方式实现，如体育技能的提升、在体育活动中的社交互动，或是通过运动达到个人目标。

当学生在体育活动中获得成功的体验时，他们的自信心得到提升，进而更加积极地参与体育活动。这种成功体验不仅限于赢得比赛或达到一定的运动水平，也包括体育活动中的社交互动、乐趣和个人成就感。教师应当创造机会，让每个学生都能在体育课堂上体验到成功，无论他们的技能水平如何。

3. 形成"运动习惯"是体育教育的最终目标

当学生在体育活动中体验到乐趣和成就感时，他们更可能发展出持续运动的习惯。这种习惯的养成是一个渐进的过程，需要教师的持续支持和合适的课程设计。运动习惯的形成不仅有助于学生的身体健康，也对他们的心理和社交发展具有长远影响。

综上所述，体育课程的设计和实施应该紧紧围绕这三个核心要素：激发和维持"运动兴趣"、创造"成功体验"，以及引导和巩固"运动习惯"。这三个要素相互关联，共同构成了一个连贯的体育教学框架。这要求教师不仅关注技能的教授，更要关注如何激发学生的内在动力，让他们享受运动，并将其融入日常生活中。通过这种方式，体育教育可以实现其长期的健身育人目标，培养学生成为终生积极参与体育活动的人。

（三）构建高校体育教学内容体系的方法

1. 构建以球类运动为核心，融合地域特色，强调全学段体能训练的教育体系

由于其普及性、趣味性和技术性，球类运动成为连接大学与中小学体育教育的理想载体。这一体系的构建不仅能激发学生的兴趣，还能有效提升他们的身体素质和专业技能。

在设计这一教育体系时，应吸取体育界成功案例的经验。例如，国际羽毛球冠军林丹和前 NBA 篮球运动员迈克尔·乔丹的事例表明，竞技体育的成功依赖于高度的专注和持续的努力。青少年体育教育中，应鼓励学生专注于少数几项运动项目，并在此基础上进行持续和深入的训练，这样不仅能使他们在这些领域有所成就，还能帮助他们形成终身受益的健康习惯。大学体育教育中，特别是针对球类运动项目，应重点培养学生的专项技术和战术理解。教学内容应包括高级技术技能的训练和战术层面的教学，如阵型布置、对抗策略、团队协作和心理素质培养。同时，还应提升学生对运动背后深层次理论的理解，如运动生理学、心理学和营养学等。教师可以利用系统的训练方法和教学工具，如视频分析、模拟比赛、案例研究等，增强学生的学习体验，并鼓励他们参与实战训练和比赛。

地域性和传统性体育项目应被视为学校体育的宝贵资源，承载着地方特色和文化传承，激发学生对体育的兴趣。同时，新兴运动项目，代表着当代的运动趋势，能够吸引青少年学生的注意。因此，在实施球类运动为主的体育课程时，也应兼顾传统和新兴项目，为学生提供多样化的体育体验。

青少年体质下滑是一个长期且复杂的问题，学校体育教育在其中扮演着不可忽视的角色。虽然体育教学的主要目的不仅是增强体

质，但通过体育活动提升学生的身体素质仍是其重要职责之一。因此，在体育教学中应加强身体素质训练，以助于实现体育课程的总体目标。

综上所述，通过球类运动项目作为连接大学与中学体育教育的主线，结合地域性、传统性和新兴运动项目的重要性，我们可以为学生提供全面而丰富的体育教育体验。这种综合性的教育策略有望培养出更多健康、有技能和全面发展的青少年。

2. 运用螺旋式策略教授球类运动，有效培养学生终身锻炼习惯

在《全国普通高等学校体育课程教学指导纲要》框架下，体育课程内容的指导原则虽然明确，但对于具体的教学内容，尚缺乏明确规定。这导致教师在教学内容选择和学生在学习内容上存在不确定性。特别是在每个学期、学年、不同学段和水平下学时分配有限的情况下，每项运动技能的学时变得尤为宝贵。在有限时间内，学生难以掌握技能至熟练程度，导致参加体育课却无法掌握相应技能的现象。

"掌握 2 项运动技能"的目标虽看似简单，实则是一个复杂挑战。养成运动习惯需满足几个条件：首先是时间保障。运动精髓在于深入一项或少数几项，因时间和精力有限，人们难以投身多项运动。对于多数未能从小形成体育习惯、运动能力普遍不高的大学生来说，可用于运动的时间更是有限。从这角度看，传统体育课程"涉猎广泛"模式无实际意义，导致学生学了很多，实际上什么也没学会。其次是乐趣引入。兴趣是初期吸引力，乐趣是持续动力。青少年初期可能对新鲜内容感兴趣，但随教学深入，兴趣可能消散，主要原因在于教材内容乏味。集中于某一运动项目，并以游戏和比赛为教学机制，进行分层教学，学生在有趣的运动项目教学和竞赛中能维持兴趣，体验成功喜悦，乐于坚持并形成运动习惯。最后是喜欢和深度重复同样教材内容，教学要求随学生进步提升。例

如，球类运动，大学应将专项技术作为教学重点，确保学生对球类运动项目学习的连续性和渐进性。

螺旋式教学方法在不同学期和学年中重复同样运动项目，但每次都在难度和深度上适当调整。例如，初级阶段，学生可能学习篮球基础投篮技巧；随技能提升，教学内容可拓展到更复杂技术，如运球、防守策略和团队合作。这样，学生不仅能在有限时间内逐步掌握技能，还能在不断学习和练习中深化技能理解和应用。此外，将学生个人兴趣和能力作为课程设计核心也至关重要。这意味着体育教学应更灵活和个性化，允许学生根据自己兴趣和能力选择运动项目。例如，对篮球有热情的学生可选篮球为主要运动项目，对羽毛球有兴趣的学生则可选择羽毛球。这个性化选择提高学生学习动力，帮助他们更短时间内掌握和深化特定运动技能。

3. 实行"选项课程"，确保学生自选至少一种球类运动

毛泽东在《体育之研究》中探讨了体育运动方法的精简与高效。他认为体育方法的关键在于适宜性和有效性，而非方法的多样性。[①] 过多的技巧可能导致运动爱好者忽视身体健康这一本质目的，或使得对运动不热衷的人因技巧复杂而放弃。毛泽东主张运动方法应简洁有效，适合不同年龄和需求的人群。他强调运动主要目的是促进血液循环和强健肌肉，提倡小学阶段重视游戏活动，中学及以上阶段注重兵式训练，表明运动训练应根据学生的年龄和身体发展阶段设计。此外，他提到日常活动如洗脚、散步对健康的益处，重在强调运动要适度。

这些观点对现代体育教育有重要启示。体育课程设计应考虑学生的需求和能力，关注运动的本质——增强体质和促进健康。教育工作者需结合毛泽东的体育哲学和学生实际情况，设计出能激发兴

---

① 毛泽东. 体育之研究 [J]. 新青年, 1917, 3 (2).

趣并促进健康的体育课程。中国各学段体育课程安排存在差异，影响学生学习各种球类运动的机会。高校阶段应提供更多选择性和专注性的体育课程，以确保学生能深入学习特定运动技能。高校体育教师和课程规划者需要认识到体育教育是对学生全面发展的投资，应关注于培养学生的兴趣和对特定运动的长期承诺。

高校应引入更多样化的体育课程，并提供长期学习路径，确保学生能在整个教育过程中持续学习和提升特定运动技能。学生可以从初中开始选择兴趣运动项目，并在高中和大学深入学习。这种教学模式有助于技能提升和长期热爱运动。高校体育教师应采取灵活和创新的教学方法，鼓励学生积极参与和探索。教师的角色应从技能传授者转变为激发兴趣、引导自我发现和促进终身运动习惯的培养者。

第六章

高校体育教学方法的选择与应用

在体育课教学过程中，体育教师所采用的教学方法在激发学生兴趣、实现教学目标，以及提升教学成效上发挥着重要作用。因此，在新教育理念下，对体育教学方法的持续发展、选择与应用具有重要意义。本部分将对体育教学方法的基本理论、分类、应用的现状与常见问题以及应用创新等方面进行详细讨论，并将对体育教学策略展开多角度和深度的分析。

第一节
体育教学方法的基本理论

一、体育教学方法的定义

关于体育教学方法的定义，《体育理论》教材中对其的表述是：体育教学方法是指在体育教学过程中，完成教学任务的途径或手段。而王占春教授等在其主编的《中学体育教学法》① 一书中提

---

① 王占春主编. 中学体育教学法 [M]. 郑州：河南人民出版社，1982：33.

出，体育教学方法是教师为完成体育教学任务所采用的手段和方法。这些体育教学方法的定义在教学界享有广泛的代表性，并长期获得普遍认可。它们的主要共性在于，都将体育教学方法视为实现教学目标的手段和路径。然而，这样的定义与普通教学方法的界定并无显著区别，未能充分体现体育教学的独特性。因此，我们需要进一步深入探究以更准确地理解体育教学方法。体育教学的核心特征在于，其过程涉及大肌肉群的参与和身体活动，其教学目标不仅聚焦于提升健康水平，还包括在开放环境下进行的集体与个体活动的灵活转换。鉴于此，体育教学方法的发展需要重视以下关键点。

（一）教学的互动性与实践导向

体育教学过程中，教师与学生之间的互动显得尤为重要。这种互动不仅限于知识的传授，更包括运动技能的体验和实践。学生在这个过程中需要掌握理论知识，并通过身体锻炼来实践这些知识。这样的教学方法突出了体育教学的实践性和体验性。

（二）教学方法的灵活性与策略组合

体育教学方法由多样的活动形式组成，显示出显著的灵活性。一个教学方法可以通过不同的活动形式来实现，而同一种活动形式也可以适用于不同的教学方法。这种活动方式的可互换性和策略性，为教学提供了广泛的适应性和创新可能。

（三）个体体验与操作技能的重要性

体育教学方法强调学生的个体运动体验和操作技能的重要性。这种教学方法要求学生不仅理解知识，还要通过个体操作来体验和掌握运动技能。因此，教学方法在实施时应重视每个学生的个体差异和体验，以提高其运动技能和健康水平。

在总结以上三个方面时，可以看出体育教学方法不仅仅是一种传授知识的手段，它更强调实践性、多样性和策略性。这种方法旨在通过各种活动形式和策略的灵活运用，增强学生的体验感，提升他们的运动技能，从而在不断的实践中达成教学的终极目标。

二、体育教学方法的特点

（一）实践导向

体育教学方法与体育实践之间存在密切的联系。这些方法本质上是一系列动作策略，具有显著的操作性。教师的教学理念和综合能力需要通过多种活动方式在体育教学实践中得到体现。教学方法的成效，必须经过实践的检验来确认。在这个过程中，教师的创新能力和对实践的敏感性起着决定性作用。

（二）互动的双向性

体育教学方法本质上是一种双向互动过程，既涉及教师对学生的指导，也包括学生对教师的反馈。在教学过程中，教师和学生之间的联系不仅限于知识和技能的传授，还包括了信息的双向交流和持续的反馈调节。这种互动性不断优化双方的活动效果，是提高教学质量的关键因素。

（三）方法的多样性与适应性

体育教学方法呈现出丰富的多样性，为教师和学生提供了广泛的选择空间。由于体育教学中的许多因素如学生基础、场地条件、器械资源和气候条件都存在较大变数，因此教学方法也需随之调整。这表明，固定不变的体育教学方法几乎是不存在的。同一种方法在不同的条件下，其组织方式、活动形式和动作程序都可能需要调整。

（四）教学方法的系统整合

体育教学方法不是孤立存在的，而是彼此联系并互为补充，共同构成了一个完整的体系。在整个体育教学过程中，这些方法相互作用，共同发挥综合效能，以全面实现教学目标。需要认识到，任何单一的教学方法都有其局限性，仅靠单一方法难以实现全面的教学目标。因此，应当依赖于整个体育教学方法体系的充分运作。

（五）教学方法的历史继承

经过长期教学实践检验并证明有效的教学方法，反映了体育教学的客观规律，是我们宝贵的财富，具有历史继承性。同时，一些传统的体育教学方法可能因时代进步而出现不适应的情况。然而，我们应当吸收其中有价值的部分，有选择地继承和改造，使其成为适应现代教学需求的新方法。

（六）教学方法的持续发展

随着时代的发展和社会的进步，体育教学方法也必须不断创新和发展，以适应新的教学需求。这意味着，体育教学方法的发展不仅要创造新的方法，还需要对传统的教学方法进行调整和改造。这样的调整应当赋予传统方法新的内涵，使之发展成为满足新教学要求的方法。通过这种持续的发展和创新，体育教学可以更好地适应不断变化的教育环境和社会需求。

三、体育教学方法的重要性

体育教学方法在整个体育教育领域中占据了极其重要的位置。

它不仅在教学活动的进行过程中起到关键作用，还在教学结束后对学生产生深远的影响。这种方法在体育教学的全过程中具有无可替代的重要性。

（一）完成教学任务的必备条件

体育教学方法是连接教师和学生双向互动的核心，其有效性直接影响教学目标的实现。这种方法不仅关乎知识传递，还涉及技能习得、态度塑造和价值观培养。在体育教学中，恰当的教学方法对学生运动技能的掌握、体育知识理解和健康生活方式的培养至关重要。

有效的体育教学方法应提供多样的学习途径，如示范、实践、互动讨论，适应不同学生的学习风格和需求，提高教学效果。教学方法的选择还应考虑课程内容特点和学生身体发展阶段，确保体育活动的安全性和适宜性。此外，创造性的教学策略如角色扮演、竞赛和挑战任务能激发学生的内在动机，增强参与度和乐趣，促使学生不仅学习体育技能和知识，还能发展团队合作、领导力和解决问题的能力。

（二）提升教学质量的关键保障

良好的体育教学方法对提升教学质量至关重要，它鼓励学生积极参与，发挥主观能动性。这些方法强调创造动态互动的学习环境，使学生成为学习过程的主动参与者。教师根据学生的个别差异和兴趣设计教学内容，通过观察学生的反应和进步来调整教学策略。例如，对特别感兴趣的学生提供深入指导，而对初学者通过游戏化学习和团队活动提高参与度。

良好的教学方法还包括实践活动，让学生通过参与体育活动直接体验和练习技能，学习团队合作、公平竞争和规则意识。这些实践有助于学生有效掌握技能和知识。此外，对学生进行正面反馈和鼓励也是重要的一环，它增强学生的自信和学习动力，对长期学习动机和热情至关重要。此外，良好的体育教学方法促进学生的批判性思维和解决问题能力。在活动中，学生学习在压力下保持冷静、有效沟通和解决问题。

（三）与良好教学氛围的紧密联系

适宜的体育教学方法对于营造积极的教学氛围至关重要，这种氛围能激发学生的学习兴趣和参与度，促进教学的良性发展。当教师注重学生参与、强调实践操作和提供即时反馈时，学生的学习热情和参与度通常会提高。这种参与和积极性有助于提升学习效果和教学质量。

良好的教学方法不仅提高学生的学习效率，还有助于教师树立威望和信任。学生感受到教师的专业性和关心时，更可能尊重并积极参与教学活动。这种相互尊重和信任创造了一个安全、支持和鼓励的学习环境。例如，通过小组合作、体育游戏和个性化学习任务，学生不仅学会运动技能，还学习团队合作、自我管理和批判性思维等核心素养，这些素养对他们未来的学习和生活至关重要。

良好的教学氛围还促进学生间的正面互动和相互支持，增强社交联系、社交技能和团队精神。总之，适宜的体育教学方法在塑造积极、健康的教学氛围中发挥关键作用，不仅促进学生的积极性和效率，还提升教学的整体质量和效果。因此，体育教师应采用和发展有效的教学方法，创造充满活力、互相尊重和鼓励的学习环境。

（四）对学生身心发展的显著影响

科学的体育教学方法对学生全面发展极为关键，它不仅促进学生认知能力，也对心理健康有积极影响。这种教学方法引导学生正确学习运动技能，同时也是对身心的锻炼，有助于全面成长。

体育教学能够发展学生的认知能力。参与体育活动时，学生不仅学习技能，还学会分析、判断和解决问题，如团队运动中的策略制定，提高决策和战略思维能力。体育活动对心理健康的积极作用包括减轻压力、增强自信和提高情绪管理能力。定期参与体育活动的学生能更好地管理压力和焦虑，具有较高的自我效能感和社交技能。此外，体育教学对学生社交技能和情感发展也至关重要。团队运动增强合作和沟通，培养团队精神和领导能力。学生学习如何在团队中有效沟通，领导和激励队友，以及在竞争中保持正直和尊重。面对运动中的挑战，学生学会坚持和毅力，也学习了如何面对失败和挫折。

第二节

体育教学方法的分类及其关系

一、体育教学方法的分类

体育教学方法的分类是一个重要理论议题，对建立体育教学系统结构和提升教学质量至关重要。然而，在体育教学及更广泛的教学法研究领域内，尚未形成普遍认可的教学方法分类系统。这导致缺乏理论支撑，难以为实践教学提供有效参考。目前，较为普遍的分类方法是将体育教学方法分为教法、学法、练法和育法四个基本类别。这种分类虽有应用，但仍属于传统方法，需要更多的理论与实践验证与发展。

（一）教学方法类

体育教学方法的特殊性要求细致划分教法类别，主要包括体育保健知识教学方法和体育技术技能教学方法。体育保健知识教学方法关注传授健康和运动理论知识，强调理论与实践结合，目的是使学生理解并应用这些知识以保持身体健康和提升运动技能。而体育技术技能教学方法则专注于技术和技能训练，提升运动表现和技术水平。这些方法的有效性依赖于教师对教学内容的理解、对学生需求的把握，以及在实践中灵活调整和应用的能力。

1. 体育保健知识的教学方法

体育保健知识教学方法虽然在外形上与其他学科相似，但在内涵和实施方式上具有自己的特点和复杂性。它不仅包括传统的讲授和讨论，还可能包括案例研究、实地考察、互动讲座等多种形式，以适应不同学生的学习需求和偏好。此外，这一领域的研究显示，教学方法分类正在从单一向多元转变，从关注外形向关注功能和理论内涵转变，反映了教育界对于教学方法更深层次的理解和探索。这要求教师不仅要关注教学内容的传授，还要关注学生情感的引导和激发，使教学更加全面和深入。

2. 体育技术技能的教学方法

体育技术技能教学方法，或称运动教学法，是针对具体运动技能的教学策略。这类方法的核心在于三个基本问题：为什么教、教什么、怎么教。这不仅是一个教学流程的简单描述，而是要求教师深入理解教学的目的、内容和方法。每项运动技能的教学都有其独特的目标，可能是为了掌握基本技能，提升竞技水平，或是增进身体健康。教师需要根据这些目标选择合适的教学内容和方法。此外，教学方法的选择也需要考虑学生的先前知识、兴趣和学习风格，以及运动本身的特点，以确保教学效果最大化。

（二）学习方法类

学习方法类在体育教学中至关重要，它关系到学生对体育知识的理解和掌握，以及他们的学习态度和锻炼习惯。体育学习不仅是技能的掌握，也是对健康生活方式的追求。体育教学中，学生需做到两点：一是深入理解并掌握体育技术、规则、历史和理论等；二是找到将这些知识与个人实际情况结合的最佳方式，实现技能融合和个性化学习路径的探索。

1. 促进学生主动学习的方法

学法类教学方法的首要任务是激发学生的学习兴趣，使他们愿意主动学习。在体育教学中，这意味着教师需要设计有趣味性、有适当挑战性的课程内容，提供丰富的学习资源，并创造一个鼓励探索和实践的学习环境。教师应通过各种策略，如角色扮演、情景模拟、小组讨论等，使学生能够积极参与学习过程，体验运动的乐趣，理解运动的价值。此外，教师还需要关注学生的个性差异，提供差异化的学习路径，以满足不同学生的需求。

2. 培养学生自学能力的方法

培养学生的自学能力是学法类教学方法的核心。教师需要教会学生如何学习，使他们能够独立地获取知识、分析问题并解决问题。这包括教授学生如何设置学习目标，如何策划和调整学习计划，如何有效地利用各种学习资源，以及如何通过自我评估来监控和反思自己的学习过程。通过这些方式，学生能够逐渐形成自主学习的习惯，掌握学以致用的能力，并在体育活动中实现个人目标和提高自我效能感。

3. 形成终身体育意识和能力的方法

通过体育教学，使学生形成终身体育的意识和能力是最终的目标。这意味着学生不仅在学校学习期间参与体育活动，而且在毕业后也能继续保持积极的锻炼习惯，将健康和活力融入日常生活。为实现这一目标，教师需要帮助学生认识到体育活动对身心健康的重要性，培养他们自我管理和自我激励的能力。此外，教师还应鼓励学生参与多样化的体育活动，探索个人感兴趣的运动项目，并在实践中不断改进和完善自己的技能和策略。

（三）练习方法类

1. 练法类的本质与目的

练法类是体育教学中核心的方法之一，主要作用是通过体育活动直接锻炼学生的身体，促进体质提升。但其目的不仅限于身体和体质的提升，更重要的是理解练习方法和体验身体运动过程。这包括掌握运动技能和感知运动带来的生理及心理变化。因此，教师在使用练法类教学时，不应只关注技能教授和体能提升，而应引导学生深入理解运动的本质，体验运动过程中的身体变化，认识运动对整体发展的重要性。

在实施中，练法类教学方法展现出多样性和灵活性。教师可根据学生的身体条件、兴趣以及环境，选择单一运动项目或设计系列练习活动。这种多样性使练法类教学能够适应不同学生和教学场景的需求。然而，这也要求教师具备专业知识和灵活的教学策略，以有效设计和实施练习活动，确保每个学生的最大发展。

2. 练习方法的分类

（1）基础技能练习法

基础技能练习重点在于教授学生体育运动的基本技能，如跑步、跳跃、投掷和抓取等。这一阶段，教师通过简单明了的指令和示范，引导学生多次重复基本动作，同时提供实时反馈以纠正动作的不准确之处。此类练习的目的在于为学生打下坚实的运动基础，确保他们在体育技能学习的初期阶段就能正确掌握基本技巧，为后续的高级技能学习奠定基础。

（2）专项技能练习法

高级技能练习涉及特定运动项目的进阶技能，例如篮球的运球和投篮，足球的传球和射门。在这个阶段，教师结合理论讲解和实际示范，采用分步骤教学法，逐步提高技术的难度。通过小组合作练习和角色扮演，学生可以在实际应用中提高其技能水平。这类练习的目的是增强学生在特定体育项目中的技术熟练度和竞技能力。

（3）身体和心理发展练习法

身体和心理发展练习结合了身体训练和心理技巧，例如耐力训练、瑜伽和冥想。教师通过全身性运动和放松技巧来提升学生的身体素质和心理调节能力，同时传授压力管理和集中注意力的技巧。此类练习旨在提升学生的整体健康状况，帮助他们在体育活动和日常生活中保持良好的身心状态。

（4）练习策略和方法学习法

在策略和方法学习中，教师引导学生学习如何根据自身特点选择合适的练习方法，制订个人化的训练计划，并进行自我监控和评估。这种方法教会学生如何自主设定和调整训练目标，增强他们的自我管理能力。通过这样的教学，学生能够更有效地进行体育练习，并对个人训练进度有更清晰的认识。

（5）应用和迁移练习法

应用和迁移练习的重点在于培养学生将一种运动技能灵活应用和转化到其他相关运动项目的能力。教师通过对比和关联不同运动技能，帮助学生理解技能间的共通性和差异性。此类练习使学生能够在理解和掌握一种运动技能的基础上，迅速适应并有效应对新的运动挑战，促进他们在体育运动中的全面和深入理解。

（四）育人方法类

体育教学中的育人方法，本质上是对学生进行体育品德培养的一种手段。它不仅是体育教学的一项重要任务，而且也是实现教学目标的基本途径。这种方法不是孤立存在的，而是必须紧密结合体育的独特性质来进行。体育，作为一种特殊的教育形式，通过各种运动活动，不仅锻炼学生的身体，更重要的是通过这些活动培养学生的体育道德、体育品德和体育精神。这三者是体育教学中的育人目标，也是体育教学方法的使命所在。

体育道德的培养，旨在让学生在体育活动中学会遵守规则，公平竞争，尊重对手，以及团队合作精神。体育品德的培养，则更侧重于通过体育活动培养学生的意志品质，如顽强拼搏、勇于挑战等。体育精神的培养，则是在道德和品德的基础上，进一步强调了对胜利的追求和对失败的态度，即在竞争中追求卓越，面对失败则能坦然接受，从中吸取经验，不断进步。这些品质的培养，对于学生的全面发展，尤其是健康个性的形成和竞争意识的培养具有重要意义。

当前，对于体育教学方法的范畴问题，确实存在一些认识上的分歧。一些学者认为，体育教学方法应该包括所有在体育教学过程中使用的方法，而另一些学者则认为，应该更加窄化其范围，仅包括那些直接与运动技能教学相关的方法。不管是哪一种观点，都反映了体育教学方法作为一个独立领域，正在逐渐深化和完善。此外，体育教学方法与运动教学方法、身体锻炼方法的关系也是一个值得深入研究的问题。运动教学方法侧重于技能的传授和技巧的学习，而身体锻炼方法更侧重于身体素质的提高和身体机能的增强。这两者与体育教学方法有着千丝万缕的联系，但又各有侧重，如何在实际教学中取得平衡和融合，是体育教育工作者需要不断探索的问题。

总的来说，体育教学中的育人方法是一项复杂而又重要的任务。它不仅关系到学生体育能力的培养，更关系到学生品德、精神层面的塑造。因此，对于体育教学方法的研究不应停留在表面，而应深入教学理论和实践的每一个环节，不断探索和完善，以更好地发挥体育教育的育人功能。

二、体育教学方法中多元关联维度的科学管理

在体育教学领域，合理运用教学方法的核心在于教师必须建立一种科学的教学观念。这不仅要求教师具备丰富的体育知识和技巧，更重要的是理解教学中各种因素的相互作用。教师需根据学生的学习风格、心理状态和身体条件调整教学方法，如实践、示范或合作学习，以适应学生的个别需求。同时，教师应确保课程内容与教学方法相匹配，激发学生的学习兴趣。有效处理这些教学因素的关系是提升教学质量的关键。

（一）构建科学化的体育教学观

教学观作为教育思想的核心组成部分，对于教育的质量和效果有着深远的影响。一个科学的教学观不仅决定了教师对教学过程的理解和处理方式，而且也影响着教学方法的选择和应用。在体育教学领域，这种教学观需要特别强调对体育活动和规律的深刻理解。

体育教学不仅仅是运动技能的传授，它是一个全面发展学生身心的过程。在这个过程中，教师的角色是至关重要的。他们不仅教授体育知识和技能，更重要的是引导学生形成正确的体育观念和终身锻炼的习惯。这要求教师不仅要有扎实的专业知识，还要有深刻的教育理念。通过体育教学，学生不仅提高了身体素质，而且在精

神、情感和社会交往方面也得到了发展。因此，体育教学应该被视为一个综合性的教育过程，它对学生的全面发展具有不可替代的重要作用。教师需要不断更新教学方法，创造性地调动学生的积极性，使体育课成为学生喜爱和期待的一堂课。这样，体育教学就能真正成为推动学生身心全面发展的重要途径。为了实现这一目标，教师需确立正确的学生观和科学的教学思想。

1. 建立正确的学生观

（1）学生观的重要性

我们必须认识到，教师对学生的看法，即所谓的"学生观"，对教学过程有着深远的影响。这种认识不仅涉及学生的本质属性和基本特征，而且还包括教师对学生潜能的理解和期望。一个正确的学生观应基于对学生个体差异的深入理解，包括他们的心理发展阶段、认知能力和社会文化背景。这种认识促使教师采取更为个性化和差异化的教学方法，以满足学生的独特需要。同时，教师的这种认识还影响着学生的自我认知和学习态度。当教师展现出对学生能力的信心时，学生往往会表现出更高的学习动机和积极的学习行为。

（2）塑造教师的多元角色

教师在体育教学中发挥着关键作用。他们不仅是知识和技能的传递者，还是学生学习动机和情感发展的重要影响者。教师需要具备全面的专业知识，包括体育学的理论基础和各种运动技能。同时，教师还应该具备高超的教学技巧，能够根据学生的不同特点和需要，灵活运用各种教学方法和策略。为了达到这一目标，教师需要持续进行专业发展和学习，不断更新自己的知识库和教学技巧。

教师还需具备良好的心理素质和人际交往能力。在教学过程中，教师应能够识别和应对学生的不同情感和心理状态，提供必要的支持和引导。他们需要建立起一种积极、鼓励和支持的课堂氛围，使学生感到被尊重和理解。

（3）尊重学生的个性和需求

在体育教学中，针对学生个性化的教学策略非常重要。考虑到学生的独特学习需求、兴趣和能力，教师应使用灵活多样的教学方法，如分组教学、个别指导和差异化任务分配，来满足不同学生的需求并激发他们的兴趣和参与度。利用多媒体教学工具和技术可以创造一个互动丰富的学习环境。

教师还应鼓励学生自主学习和探索，提供多样化的体育活动和挑战，帮助学生发现自己的兴趣和潜能。同时，应关注学生的情感和社会发展，通过团队合作和社交活动促进学生间的理解和尊重。以学生发展为中心的教学理念能提高学习效果，培养学生的社交技能和团队精神。

2. 树立科学的教学理念

教学思想是对教学活动及其规律的深刻理解，关键在于处理教与学的关系。体育教学作为教育体系的重要部分，不仅传授体育知识和技能，还对学生智力发展起到关键作用。体育教学的核心在于传递运动知识和技术，并引导学生掌握增强体质的技巧。这要求教师采用恰当的方法激发学生兴趣，促进其特长发展，并培养道德和意志品质，培育学生形成终身参与体育活动的意识。

（1）教师引导与学生参与有效结合

在体育教学领域，构建内容和方法的过程要求教师深入理解并融合体育教学的多元素质。包括全面掌握体育知识、认识学生对积极体育态度的形成、重视培养终身体育意识和细致关注体育能力发展需求。选择教学内容时，应考虑教材的系统性和连贯性，引导学生掌握体育知识，满足体育需求，培养锻炼习惯，为终身体育活动打下基础。

体育教学的特点在于通过身体练习学习运动技术和技能，体验体育活动的魅力，培养兴趣，促进学生全面发展。在技术教学中，教师应让学生理解运动技术的基本原理和目的，如将物理学概念应用于运动技术教学，帮助学生理解动作要领的科学依据，实现理论与实践的融合。学生在练习过程中可能遇到挑战，如体力消耗、兴趣减退或进展缓慢。教师应积极鼓励，通过肯定每个小进步和建设性的指导，增强学生自信，激发再次尝试的动力。

体育练习有其独特锻炼价值，教育者应传授技能的同时激发学生兴趣和自主参与意识。这种教学模式不仅提升学生技能，还培养长期兴趣，体现了现代教育理念中的个性化教学和学生自主学习的重要性，旨在通过综合性和实践性的教学策略，促进学生在体育领域的全面成长。

（2）发展学生的智能

体育教学不仅是身体锻炼的过程，也是智能发展的重要途径。体育运动本质上对人的身心健康产生积极影响，包括增进身体健康、提振精神状态、增强情绪积极性，并减轻大脑疲劳，为智力发展创造良好条件。体育知识本身包含丰富的科学内涵和完整理论体系，是对体育运动规律的总结和方法论研究。

教师在教学中应引导学生深入理解这些知识，激发思维活力，培养观察力和想象力，促进智能全面发展。例如，在教授速度训练时，教师须阐明不同训练方法的特点和效果，帮助学生理解训练实质和内在联系，提升学生的自我分析和自我指导能力。体育技术的发展和演变基于理论支持。学生通过实践练习结合教师的技术理论解释，能深刻理解技术实质，结合知识和经验有效掌握技术，提高终身体育能力。教师通过组织技术观察和进行正确与错误对比，引导学生关注技术关键要点和步骤，优化学习效果，促进学生技能提升和综合认知能力培养。

（3）培养体育中的意志品质与非智力因素

体育教学不仅锻炼身体能力，更重要的是培养道德和意志品质，以及非智力因素的发展。体育活动是克服挑战和困难的实践，提供了教育意义和人格发展的机会。参与体育运动的学生面临各种挑战和困境，动机和意志力的差异导致不同的行为表现。教师需引导学生认识挑战本质并激励他们克服。例如，中长跑练习中的"极点"现象，教师应帮助学生理解并鼓励克服困难，培养坚忍不拔的精神。

在练习中，学生初始阶段可能保持高活力和热情，但随着时间推移，他们更多依赖于意志力继续。教师应采取激励措施，帮助学生坚持到底，增强身体素质和意志品质。培养学生意志品质的途径多样，关键在于教师的有意识引导，激发学生的自觉性和积极性，逐步提升他们的意志力。体育教学是一种心理和意志品质培养的过程，教师的指导和激励对学生长远发展影响深远。通过体育教学，学生提升体能，培养顽强拼搏的意志力和优秀的非智力因素，为未来学习和生活打下基础。科学的教学观要求教师深入理解学生本质属性和特征，建立正确的学生观和教学思想。这有助于有效组织教学、适当运用教学方法，平衡教师引导作用与学生主体地位。教学中应结合激发学生思维、观察和分析能力，利用学生知识基础和经验，深化对技术本质和内在联系的理解，并指导应用理论知识于实践。

（二）教学方法与相关因素的有效整合

在体育教学领域，教学方法的应用并非孤立发生，而是受到多重因素的共同制约与影响。以下对此进行更深入的学术探讨，分析涉及的五个主要因素：教学任务、教学内容、学生人数以及体育基础和场地器材条件。

1. 教学任务与方法的策略性适应

教学任务的明确性是高效教学方法选择的前提。在体育教育中，任务的设定应指导教学方法的选取，以在有限的时间和资源条件下实现最优教学成果。这要求教育者在设计教学活动时，精准评估并利用可用资源，寻求创新的教学策略，以确保教学活动在资源约束下达成预定的教育目标。

2. 教学内容的深度与广度调整

教学内容的选择对教学方法的应用产生重要影响。内容的深度和广度应与教学方法相匹配，保障教学活动的有效性。过多或过于复杂的教学内容可能导致教学方法的简化，而这可能不足以覆盖所有教学需求。因此，教育者在设计课程时应考虑教学内容的结构，确保内容既具挑战性又具趣味性，并采用多样化的教学方法，以实现教学目标的最佳传递。

3. 基于学生人数的教学组织策略

学生数量对教学方法的选择和实施具有显著的影响。在大班教学情境下，教师面临的挑战是如何在确保每位学生参与的同时，有效管理教学活动。教学方法应具有灵活性，以适应不同规模的学生群体，确保教学活动既高效又包容。

4. 考虑学生体育基础的个性化教学

学生在体育基础方面的差异是教学方法选择的重要考量。不同水平的学生需要不同的教学方法和策略，以适应其个别的学习需求和能力。教师需在教学中考虑到每位学生的独特性，尊重他们的个性和学习风格，采取差异化的教学方法，旨在提升每位学生的体育技能和知识水平，同时促进他们在体育活动中的积极参与和自我超越。

5. 场地器材条件与教学方法的相互作用

场地和器材条件是体育教学的物质基础，对教学方法的选择和实施产生直接影响。在条件有限的情况下，教师需要创造性地利用现有资源，同时开发创新教学策略以适应这些限制。教学方法的应用应考虑到场地和器材的实际状况，以确保教学活动在各种条件下都能有效地进行。

三、体育教学方法的优化

探究并实施最优化的教学方法是实现体育教学最佳成效的关键途径，它不仅是提升教师教学艺术和激发学生学习热情的重要手段，也构成了教学研究领域的一个核心课题。

（一）确定体育教学方法的选择标准

鉴于教学方法的多样性、功能差异及各自的特定要求，为实现教学任务的最佳完成，选择最合适和高效的教学方法需基于以下六个关键因素进行综合评估和选择。

1. 基于教学目标和任务进行方法选择

教学方法不仅是实现教学目的和完成教学任务的关键工具，也是促进教育效果最大化的路径。因此，在选择教学方法时，必须确保其与教学的具体目标和任务相一致，同时考虑方法的适用性和有效性，以确保教学过程既能满足教育目标，又能适应学生的学习需求和教师的教学风格，从而实现教学过程的最优化。

2. 基于教材内容的本质及特性进行教学方法的选择

教材作为达成教学目标和任务的中介，其不同特性对教学成效有直接影响，这是跨学科教学方法选择的通用原则。在体育教学中，除了遵循这一基本规则外，还必须考虑到体育教学的特定规律。即使是相同的教材，在不同的时间、场景、面对不同的学习对象时，展现出的性质和特点也会有所不同。例如，篮球投篮教学，它既可以作为提高投篮技巧的方法，也可以作为团队协作和战术理解的一部分，具有多样的教学属性。当教材内容的本质发生变化时，其展现的特点也随之改变。仅当教学方法与教材内容的本质和特点相匹配时，才能充分利用教材的潜在价值，实现教学目标的最大化。这种方法的选择不仅关注教材的多功能性，还强调了教学内容与学生需求、教师教学风格和教学环境的和谐融合，从而在体育教学实践中达到最优的教育成效。

3. 依据学生实际情况选择教学方法

由于教学对象的多样性，学生的年龄、性别、兴趣、爱好、身心发展水平以及体育能力等因素各不相同，因此，教学方法的选择应相应地进行调整。例如，互动式教学法可能对初中生极为有效，但对大学生而言效果可能就不尽如人意。而案例教学法在高等体育教育中可能取得显著成效，但在初级体育教学中则可能难以实现预期效果。只有当教学方法与学生的实际情况相匹配时，才能在促进学生身心全面发展方面达到理想的教学效果。

4. 教师根据自身实际情况选择教学方法

教师的专业素养和综合能力是实施教学方法的核心。因此，教师需要对自身能力进行客观的评估，确保所选的教学方法能够发挥个人的长处。这种策略性的选择可以使教师在教学过程中更加得心应手，保证教学方法的有效执行，优化教育环境。

5. 基于教育环境的现实情况选择教学方法

在进行体育教育方案的策划和实施时，必须充分考虑教学条件的重要性。场地和器材构成了体育教育的物质基础，因此，在选择合适的教学方法时，必须综合考虑场地和器材的满足程度。即便教学方法再先进，若缺乏必要的场地和器材支持以确保其有效性，也难以实现良好的教育效果。因此，在教育体育领域，教学条件的充足性和场地器材的配备是确保教育质量的关键因素，应当受到充分重视并得到充分满足。

6. 基于其适应性原则选择教学方法

每种教学方法都有其独特的特点和功能，以及相应的适用范围。具有高度灵活性的教学方法通常拥有更广泛的适用性。因此，教师在选用教学方法时，必须对各种方法的优势、局限性及适用性有深刻理解。在实际应用中，教师应采取趋利避害的策略，必要时进行改造或组合不同的教学方法，以增强方法的亲和力和有效性，避免盲目模仿或照搬。

（二）体育教学方法的优化特征

体育教学方法是通过反复的体育教学实践经验积累，通过实践检验、修正和不断完善而逐渐形成的。完善体育教学方法具备以下四个特征。

1. 认同度高

在体育教学领域，一个教学方法的成功实施不仅依赖于教师的策略，而且取决于学生对该方法的接受和认同程度。一个高度可接受的教学方法通常是能够激发学生兴趣、增强学习积极性，并与学生的预期教学目标相一致的。当学生在认知和情感层面接纳并认同某种教学方法时，该方法的可接受性便得到了增强，从而大大提高了实现良好教学效果的可能性。因此，教学方法的可接受性是决定其成功实施的关键因素。

2. 学生主动参与对体育教学成效的影响

当教学方法能够激发学生积极地参与，并在教师和学生之间形成良好的互动和协作，实现有效的双向沟通，便能够创造出有利的教学氛围。这种环境有助于最大化地利用教学过程中的正向因素。学生参与水平的提升将直接增强这些因素的效果。因此，一个经过优化的体育教学方法必然具备促进学生高度参与的特征。

3. 优化的教学方法应该具备综合效应

具体而言，这种方法应该具备多功能性，能够融合其他教学方法的优点，并根据特定的教育目标和任务进行精选，以产生综合的教育优势。这种方法在体育知识传授、品格塑造、技能提高、情感发展以及体育方法培训等方面应该能够重点关注主要任务的完成，同时也能够兼顾其他方面的发展，以实现全面的教育效益，表现出卓越的综合效果。

4. 影响效果深远

体育教育的关键目标之一是培养学生终身参与体育活动的意识和能力。优化的体育教学方法，应在实现体育教育的具体目标和任务方面产生明显的效果，还能够激发学生对体育的兴趣和热爱，培养科学的体育态度，养成持续锻炼的习惯，提高体育技能等方面产生深刻的影响。与终身体育参与相关的各个方面将在学生潜意识中产生潜移默化的影响。因此，优化的体育教学方法的影响具有深远而持久的特点，对于学生的终身体育参与和发展具有积极而重要的影响。

上述探讨了体育教育领域中教学方法优化的重要特性。首先，我们认识到教学方法的优化是一个动态过程，它要求教育工作者持续进行探索和创新。其次，为了实现教学目标和完成教学任务，教师应通过综合比较不同的教学方法来识别最适合的方案。这一过程不仅涉及多种教学方法的比较，还包括对这些方法有效性的鉴别。最后，教师需深入研究多种体育教学方法，并具备有效运用这些方法的能力。这样，教师才能在众多方法中选择最优者，充分发挥体育教学方法的价值和功能。

第三节

新教育理念下体育教学方法的继承与创新

体育教育的教学方法论是在漫长的实践活动中逐渐形成和演进的，这一过程与体育教学的具体实践紧密相连。鉴于体育教学现场的多样性，其教学的方法论并非一成不变。要有效地运用这些方法，关键在于理解其核心原则并把握其本质。通过分析和讨论体育教学中常用的方法，立足新教育理念，继承并创新体育教学方法。

一、体育知识教授方法

（一）讲授法

讲授法是一种由教师使用语言传递体育知识并与学生互动的策略。此方法涵盖解说、叙述和演讲等多种形式。在实施讲述式教学时，由于信息量大、双向互动频繁、知识范围广泛，教师需要特别关注以下三个核心要素。

1. 掌握并理解内容

在讲授法中，教师需确保教学内容的精炼和准确性，实现"精、准、新、熟"的教学目标。首先，"精"代表教学内容选择上的精简和深刻，区分主次知识点，强调核心内容，强化知识间联系，以便学生理解核心概念，拓展思维，实现知识掌握和能力培养。其次，"准"要求教学中的体育知识精准无误，结合理论和实践，确保教学内容与学生现有体育知识和潜能紧密相关，实现针对性强的教学效果。再次，"新"强调及时引入体育科学领域的最新发展，更新教材内容，融入新理论、锻炼方法和最新竞赛规则，保证学生与时代发展同步。最后，"熟"涉及对教材内容和学生情况的深入了解，使教师深刻理解教材重点和难点，掌握教学深度，激发课堂活力，使教学过程生动吸引。

2. 提升讲授技巧

尽管教学内容和条件保持一致，不同教师的教学方式却可能导致截然不同的学习效果。这种差异性与教师的教学艺术紧密相连。为了优化讲授艺术，需重点关注以下四个关键点。

（1）启发性教学

教师应激发学生的学习兴趣，促使他们对教学内容产生共鸣，从而激活他们的主动性和积极性。例如，在分析中学生的篮球投篮技巧时，教师可以将"手腕的灵活运用、身体平衡、视线对准篮筐"等技巧串联起来，使学生理解每个动作如何协同作用以提高投篮准确率，从而帮助他们不仅掌握技巧的实际操作，还能理解其背后的原理。

（2）多样化的授课方式

讲授可以通过叙述、解释、演讲等多种形式进行。叙述式适用于介绍体育历史和常规知识；解释式适用于解释技术原理、规则、锻炼方法；而演讲式则适用于全面、系统地讲述专题内容，通过分析和概括来引导学生深入理解。

（3）生动激情的教学

生动的教学可以吸引学生的注意力，加强教育的感染力。而富有激情的教学能够触动学生的情感，使教学更加有趣，提升学生思维的活跃度和灵活性，增强教学效果。

（4）多种教学手段的运用

平淡无奇的讲授方式往往效果不佳。因此，教师应运用多种教学手段进行调节。语言应简洁明了，富有逻辑性和韵律，引发学生兴趣。同时，教师应善于提出疑问，引导学生思考，确保他们的思维紧密地与教学内容相结合。多方位、多角度的讲授能够拓宽学生的视野，保持积极的学习气氛，使听课成为一种艺术享受。

3. 实施双向调节机制

教学本质上是一种交互性活动，在此过程中，即便教师已对课堂可能出现的情境进行深思熟虑的预判并制定了教学策略，现实情况与预期目标之间的差异仍难以避免。这种差异可能导致学生偏离既定教学目标，甚至引发思维障碍，从而影响教学成效。教师需通过学生的专注度、面部表情和课堂氛围等方面仔细观察，以此来调整教学方法，确保信息传递的效果，以达成教学目标。

（二）互动式探究法

互动式探究法是一种教学策略，更适用于高等教育，旨在通过教师的引导和组织，让学生就特定主题发表观点，以实现教学目的。有效运用互动式探究法包括以下三个关键步骤。

1. 预备阶段

在课程开始前，教师需精心设计与学生知识水平相匹配的探究主题，并提前告知学生相关内容，以便他们进行充分准备。此外，指定部分学生准备中心发言，确保讨论的活跃性。

2. 引导与参与

在讨论过程中，教师应采用合理的方法引导学生深入互动式探究，并鼓励所有学生积极参与。这不仅包括提出开放式问题以促进思考，还包括创建一个包容和支持的课堂环境，让学生感到安全和自信地表达自己的观点。通过这种方式，能激发学生的思维，促进讨论中积极思考和反思，从而有助于知识的深化和能力的发展。同时，能增强学生的批判性思维，发展沟通能力和团队协作能力。

3. 总结与评价

当讨论达到一定程度时，教师应及时进行总结，恰当把握总结的时机。总结内容应包括问题的答案概述，解决问题的关键观点、方法和思路，同时对讨论的整体情况和不足进行评估，为未来的改进提供指导。

（三）实证教学法

实证教学法是一种教学策略，其中教师通过展示实物、教具或进行实验演示，辅助讲授来阐释和证实教学内容。这种方法让学生通过感性材料理解和联系理论与实际，从而加深对知识的掌握。尤其在体育教学中，随着教育技术的发展，实证教学法的作用日益显著。有效运用此法应注意以下五个方面。

1. 明确的教学目标导向

在实证教学法中，教师需确立清晰的教学目标，以此作为实证活动的核心。这要求教师在演示前对内容进行详细的规划和说明，明确告知学生观察的焦点和关键问题。目标的明确性有助于集中学生的注意力，使他们能够在观察中理解并关联到教学的主要任务。

2. 全面感官体验的运用

此方法强调在教学过程中利用学生的多种感官，尤其是视觉、听觉和本体感觉。通过确保学生可以清晰看到和听到实证内容，以及在可能的情况下模仿或体验，教师可以帮助学生形成对教学内容的全面和综合性理解。

3. 动态演示观察的重要性

在实证教学中，教师应引导学生注意实证过程中的动态变化和活动规律。这可能包括使用技术手段来调节实证的速度，使学生能够更加清晰地观察和理解复杂的动作或过程，增强学习效果。

4. 优化实证时机的策略

合理地安排实证的时间点和顺序对于保持学生的注意力和兴趣至关重要。选择合适的时机展示教具或进行演示，可以利用学生对新鲜事物的好奇心，增加教学的吸引力。

5. 实证与教师讲解的结合

在进行实证教学时，教师的及时讲解对于指导学生观察和理解是不可或缺的。实证结束后，教师应进行简明扼要的总结，将实证内容与学生已有的知识基础相结合，以加深学生对课程内容的理解和记忆。

（四）循环探询法

循环探询法是一种教学策略，其中教师基于教学目标、要求以及学生的先验知识和经验，通过师生对话来促进学生对体育知识的理解和掌握。这种方法涉及师生之间的直接且明确的双向交流。为了优化教学成效，需重视以下四个关键要素。

1. 教学策略的前期准备

教师在实施循环探询法之前，必须进行深入的准备工作，包括但不限于对教材内容、教学目标与学生情况的全面分析。这种准备工作要求教师综合考虑对话内容、参与学生的选择以及可能出现的不同教学场景，从而确保教学过程的顺利进行。

2. 提问策略与技巧的研究

在循环探询法中，提问的艺术性至关重要。教师须精心设计问题，确保问题与教学目标紧密相连，明确且针对性强，同时符合学生的认知水平。此外，提问应具有启发性，能够在学生遇到思维障碍时提供适当的指导和帮助。

3. 教学过程中的即时反馈与总结

教师在循环探询法的实施过程中，应对学生的回答进行及时反馈，特别是当学生提出正确或错误的观点时。教师的反馈不仅要及时，还应包括对核心知识点的强化和纠正，以确保学生对教学内容有准确的理解。

4. 谈话法与讲授法的融合应用

虽然循环探询法在教学过程中占据重要地位，但它不应孤立使用。有效的教学策略应将谈话法与传统的讲授法相结合，通过两者的互补，达到更全面、更深入的教学效果。这种综合应用能够满足不同学习风格的学生需求，促进学生全面发展。

二、运动技术教学方法

（一）讲解示范法

讲解示范法在体育教育领域被广泛采用，是一种结合动作演示的教学技术。此方法涉及教师通过示范动作向学生传授技能，包括解释动作的命名、关键技术点、训练手段以及达成的标准。此外，它还涵盖了阐述体育锻炼的价值和目的，以及引导学生有效学习和练习的策略。在应用讲解示范法时，教师需注重其实施的细节和方法。

1. 讲解和示范的有效整合

首先，在体育教学中，教师需要将讲解与示范相结合。其次，要求教师根据教学目标和进度安排，恰当地选择示范时机和内容，确保示范与讲解相互补充，从而加深学生对技术细节的理解。

2. 讲解内容的科学性与艺术性

在这一环节中，教师的讲解需要做到内容上的准确性，同时要符合学生的实际水平。讲解应该简明扼要而又富有生动性，通过适当的语言技巧吸引学生的注意力。此外，讲解还应具有启发性，通过将技术动作与学生已有知识相联系，帮助他们更深入地理解技术的本质。

3. 示范动作的准确性与效果优化

聚焦于示范动作的重要性，强调教师必须确保示范的准确性，以建立学生对正确动作的认知。同时，教师也应考虑示范动作的美感，以提高学生的学习兴趣。在无法进行正确示范的情况下，教师应采取合适的替代策略。此外，示范的位置和方向的选择对于确保学生清晰观察动作至关重要。

（二）完整法与分解法

在运动教学领域，完整法与分解法是两种核心而互补的方法论。完整法通常适用于结构简单或不宜分解的动作，通过整体练习使学生掌握动作技巧。相反，分解法适用于难度较高、结构可分解的技能，通过将动作分解成更小的部分逐步教授，以便学生更好地理解和掌握每个组成部分。这两种方法在教学实践中经常交替使用，形成一种"分解—完整—分解—完整"的循环过程，旨在通过相互补充提高教学效果。

实际应用中，教师需要将这两种方法视为促进学生身体技能和技术掌握的相辅相成的策略。每种方法都有其特定的适用场景和重点，因此，教师必须根据学生的具体情况和教学进度灵活运用并适时调整这两种方法。教师在运用这些方法时的灵活性、准确性和补充性，体现了其教学能力和技巧。因此，深入研究和合理应用完整法与分解法，对于提高教学效率和学生技能掌握具有重要意义，这也是每位教师在教学实践中不断追求的目标。

（三）错误动作的预防和纠正法

在体育运动教育中，"预防与纠正错误法"是一种重要的综合性教学策略。这一策略不仅单独存在，还需要在各种教学方法中体现和执行。由于各种原因可能导致学生产生错误动作，若不及时纠正，这些错误可能成为固定模式，阻碍正确技巧掌握并引发伤害。因此，教师必须采取措施积极预防和及时纠正错误动作。

具体来说，教师应确保教学内容和要求符合学生能力，清晰传达练习目的和方法，避免动作误解。此外，教师应预见并预防可能的错误动作，通过预警和辅助练习，使学生在实际练习中能够避免这些错误。教师还应努力构建积极教学氛围，提供适宜练习环境和器材，降低错误发生概率，并关注学生心理状态，通过引导和鼓励增强学生自信，有效预防和纠正错误动作。最后，一旦错误动作发生，教师应及时分析根本原因并采取适当纠正措施。

1. 深究错误动作背后的心理因素

错误动作的产生往往与学生的心理状态有关，而不仅仅是动作执行本身的问题。例如，在体操平衡木练习中，学生可能因为害怕高度而犯错，在这种情况下，教师的任务是帮助学生克服这种恐惧心理，而非简单地修正动作。只有当学生的心理障碍被消除，动作的纠正才能事半功倍。

2. 识别并解决错误动作的主要矛盾

错误动作往往不是孤立出现的，而是多个错误动作相互关联。识别出主导错误并加以解决，往往可以带动其他相关错误的纠正。这种方法要求教师具有敏锐的观察能力和深厚的专业知识。

3. 把握纠正错误动作的时机和方法

有效的纠正应在错误动作尚未固化之时进行，并且应采取合适的方法。对于普遍性错误，可以采取集体纠正；对于偶然性或个别性错误，则应采取个别指导。同时，对于那些已经显示出典型性质的错误动作，教师应及时进行集体分析，并组织实施正误对比，以加深学生的理解和认识。

4. 鼓励学生积极参与纠错过程

教师需要对学生进行细致的引导和鼓励，帮助他们分析错误原因，选择适当的纠正方法，并建立起纠正错误动作的信心。在学生进行练习时，即使进步不大，教师也应先给予肯定，然后再指出需要改进的地方，这样可以激发学生的积极性和信心，促使他们以更大的热情投入练习中去，从而实现更好的教学效果。

总之，预防与纠正错误动作是体育教学中的一个持续过程，它要求教师具备深入的理解、细致的观察能力和恰当的应对策略，以确保学生能在安全和健康的环境中掌握正确的运动技能。

（四）程序教学法

程序教学法起源于20世纪30年代的美国，并在20世纪60年代后在全球范围内得到推广和不断优化，被广泛应用于各类智育教学中。至20世纪80年代，该方法开始被引入体育教学领域，经过研究和实践，逐渐形成了适应体育教学的特色和形式。程序教学法在体育教学中的应用主要是将教学内容逻辑性地编排成一系列细化的学习单元，以便学生能够通过逐步学习和即时反馈逐渐达到技能的完整掌握。

具体地，程序教学法主要包括直线式程序和分支式程序两种类型。直线式程序将教学内容划分为一系列连贯的小单元，要求学生按顺序逐一掌握。而分支式程序则更为复杂，其包含主支和分支两个部分，主支代表技术的主要分解步骤，分支则为辅助性的练习。学生在主支上逐步学习，一旦遇到困难，则转向分支进行针对性加强训练，待技能提升后再回到主支继续学习。

程序教学法的有效运用涉及两个方面：一是教学程序的精心编制，这要求教师基于学生的体育能力和知识基础，充分考虑运动技术的内在逻辑，科学合理地划分教学单元；二是教学过程的有效引导，鉴于程序教学法以学生自学为主，教师应对学生的学习进度进行适时调整和个别辅导，特别是对基础较差的学生给予更多关注和支持。

程序教学法的优势在于能够适应学生个体差异，强化学习过程中的即时反馈，提高学习效率。学生在学习过程中能够持续获得关于自己进步的信息，这无疑增加了学习的自我激励和压力。然而，程序教学法在体育教学中也存在明显的局限性：一是精确划分学习单元的难度较大，可能限制学生的创造性和个性化发展；二是对于程度差异大的学生难以全面照顾，且该教学法相较其他方法在师生互动和情感交流方面较为缺乏；三是对学生的自学能力和自我控制能力有较高要求。因此，程序教学法在体育教学中的应用需谨慎考虑，合理安排，以便达到预期效果。在普通体育教学，特别是中小学体育教学中，由于各种条件限制，其应用可能面临较大挑战，难以完全实现其潜在的教学效益。

（五）探索教学法

探索教学法是一种以促进学生自主探索和发现为核心的教学策略，旨在激发学生围绕特定教学内容和要求进行深入探讨，并自行寻找解决问题的有效途径。该方法强调在不直接提供答案的情况下，通过教师的引导和启发，使学生通过自我探索来达成学习目标，从而提高其解决问题的能力和学习的主动性。

探索教学法的历史可追溯至 19 世纪德国教育家第斯多惠，并由 20 世纪美国心理学家布鲁纳深化。布鲁纳提出，探索教学法并不仅仅是重复发现新事物的过程，而是通过再发现的方式，重新构建学生的学习过程，使之成为一种自主学习和探索的过程。他强调，探索的过程不仅限于新事物，而且应包括所有通过主动探索获取知识的方法。

在体育教学中，探索教学法的应用需要教师精心设计教学活动，使之能够有效地引导学生进行问题的探索和解决。一般来说，教师应首先提出具有挑战性的问题，然后引导学生进行观察、提问和探索，通过假设和验证的过程，让学生得出结论并在实践中体会。在此过程中，教师需要对整个探索过程进行适时的引导和调节，确保学生能够有效地进行探索并最终达到学习目标。

探索教学法能够显著提高学生的学习主动性和创造力，培养其独立解决问题的能力，但其运用在体育教学中也面临一定的挑战。首先，探索教学法的设计和实施难度较大，需要教师具备高水平的引导能力和深厚的专业知识。其次，该方法往往需要较多的时间和资源，因此在实施过程中需要充分考虑学生的实际情况和教学资源的可用性。最后，探索教学法对学生的自主学习能力和问题解决能力提出了较高的要求，因此需要教师在实施过程中给予学生适当的支持和鼓励。

总之，探索教学法在体育教学中具有广泛的适用性和潜在的教学价值，通过精心的设计和有效的实施，可以促进学生在体育活动中的主动探索和学习，培养其独立解决问题的能力，从而提高教学效果。然而，为了最大化探索教学法的效果，教师需要根据学生的实际情况和教学资源合理设计教学活动，并在整个教学过程中提供必要的指导和支持。

三、运动技能锻炼方法

体育锻炼方法作为实现学校体育教学目标的核心手段，指的是学生在教师专业指导下，通过运用已掌握的体育理论知识及运动技能，采取科学合理的组织方式进行身体训练，以此增强体质并促进健康水平的提升。该方法强调了体育教育在学生身体与心理健康发展中的重要角色，并凸显了教师在指导和优化锻炼过程中的关键作用。

（一）重复练习法

重复练习法是在动作结构不变的前提下，通过固定的时间、速度和技术标准来持续训练，从而实现对身体素质的增强和技能的巩固。重复练习法可以分为连续重复练习和间歇重复练习两种形式。

在连续重复练习法中，学生在没有休息的情况下进行不断的练习。这种方法在体育教学中应用广泛，主要用于加强动作技能和发展耐力。例如，学生可能进行连续的跑步或其他周期性运动，以此来提高特定的身体素质。此外，也可以将非周期性练习如体操动作，通过连续练习的方式来增强其周期性特征，以此来提高学生的动作技能。

间歇重复练习法则是在重复练习的过程中设置固定的休息时间。这种方法要求教师根据教学任务、场地和器材条件、学生的技术水平及身体承受能力来合理设置间歇时间。例如，在进行短跑或球类运动的训练时，可以规定每次训练后有一定时间的休息。这种间歇性的训练可以帮助学生更好地恢复体力，同时也有利于提高训练效果。

在体育教学中，重复练习法的运用需要根据教学进度和目标的变化进行灵活调整。这种调整体现在以下三个关键方面。

1. 应根据教学进度的变化进行适时调整

在初始阶段，主要目的是通过重复训练建立正确的动作感知和掌握基础技巧，以此降低错误动作的发生。随着教学的深入，重复练习的重心转移到技术优化和动作质量提升上，同时加强对运动技能和体能的综合发展。

2. 考虑练习的具体要求

包括练习持续时间、次数、间歇时间及强度，应根据教学目标、教材特点、学生实际水平和练习条件综合考量而定。对于技术难度较高或练习强度大的项目，应适当减少重复次数和延长间歇时间。相反，技术难度较低的项目则可以增加练习次数并缩短间歇时间。

3. 营造积极有趣的练习氛围

为避免重复练习的单调性，教师需要采用多样化的方法来提高学生的兴趣和参与度。例如，在短跑训练中可以引入接力赛和障碍跑来增加趣味性；在跳远练习中，通过设置不同高度的标杆来提高训练的目标感。在间歇期间，可以安排趣味性的小游戏，保持练习的活力和动态性，从而提升练习效率和学生的学习动力。

（二）变换练习法

变换练习法，在体育训练领域中，是一种高度灵活且效果显著的方法，它基于在不断变化的条件下进行的重复性练习。该方法的核心在于，通过改变对运动员生理机能产生影响的关键因素，以促进技能的全面发展和适应性增强。在具体实施过程中，变换练习法分为连续变换练习法和间歇变换练习法两种主要形式。

连续变换练习法，通常应用于周期性运动项目，如游泳或跑步中。其特点在于练习环境（如跑道状况）和运动要求（例如速度）的持续变化，这种方法能有效增强运动员在不同条件下的适应能力和技术灵活性。例如，在游泳训练中，运动员可能会在不同的水温、泳道长度或泳姿中进行练习，这要求他们不断调整呼吸和节奏，从而提高适应不同游泳环境的能力。

间歇变换练习法则聚焦于间歇期后运动负荷的调节。这种方法分为持续增加运动负荷和频繁变换运动负荷两种模式。在持续增加运动负荷的间歇变换练习法中，运动员在间歇之后的练习中面临着逐渐增大的运动负荷，如增加重量或加快速度。这种方法旨在提高运动员的耐力和力量。而在频繁变换运动负荷的模式中，练习的运动负荷在间歇后可能增加也可能减少，这取决于特定的训练目标。这种方法的优势在于能够根据运动员的具体需要和训练目标，灵活调整训练计划。

在实际运用中，变换练习法的方式涵盖了以下方面：改变训练条件（如网球的发球速度和角度、篮球投篮点的位置），调整训练环境（如将篮球室内训练转移到户外不同的场地，或网球从硬地场转到草地场），变换动作的组合（如篮球运球与投篮的不同组合，或网球的底线拉锯战与网前小球的交替），以及改变动作的技术特征（如网球的击球力度和篮球运球的速度）。这些练习的变化不仅提高了训练的趣味性和挑战性，还能有效提升运动员在不同比赛环境中的适应性和技术水平。总之，变换练习法通过其灵活多变和全面细致的训练策略，在现代体育训练中发挥着至关重要的作用，为运动员提供了全方位的技能提升途径。

（三）循环练习法

循环练习法，作为一种体育教学中的重要训练策略与教学组织形式，涉及教师根据教学目标和内容精心设计的一系列练习或动作，并在多个作业点进行分布式训练。学生被要求按顺序完成每个作业点的规定练习内容，一轮结束后，可依据要求重复进行。这种方法不仅在复习课中频繁使用，也作为提高练习效率和运动负荷的有效方式，广泛应用于体育教学的各个方面。

循环练习法的主要优势在于其能极大提升练习密度，增强运动负荷，从而全面促进身体素质和机能能力的发展。其丰富多样的练习手段和组合形式，极大地激发了学生的练习兴趣。由于练习负荷在身体不同部位间交替进行，这种方法有助于减少疲劳感，使得练习效果更为显著。

在运用循环练习法时，应遵循以下原则：首先，明确运用目的，确保练习方法与教学任务和内容紧密结合，特别是在巩固运动技能和提高身体素质方面。其次，精心选择循环中的练习内容，确保动作简单、形式多样，并保证相邻练习点上身体负荷的部位交替，以避免过度负担。再次，合理控制运动负荷，保证练习量和强度与学生的承受能力相匹配，同时注重循序渐进和适当的间歇时间。最后，加强组织措施，合理安排学生人数、场地布置以及各练习点的练习时间，避免练习中的拥挤和脱节。

循环练习法在体育教学中具有高度的灵活性，不仅适用于巩固特定技术技能，也适用于全面提高身体素质，甚至两者兼顾。其多样的组织形式和在各教学阶段的有效运用，都表明了该方法的广泛适应性和高效性。因此，进一步总结经验、提高运用水平，是实现良好教学效果的关键。

（四）游戏法

游戏法作为体育教学的一种重要策略，通过将练习内容以游戏形式呈现，充分利用了游戏的多样性、丰富内容和灵活形式，以吸引学生参与。这种方法不仅促进学生掌握体育知识和技术技能，而且对于提升身体机能、建构优秀品格结构以及发展非智力因素均有显著的积极影响。

在运用游戏法时，需注意以下几点：首先，选择与运用的游戏教材必须具有针对性。游戏应满足教学任务的要求，同时与学生的年龄及身心发展特征相匹配，以激发其学习兴趣并满足需求。其次，应鼓励学生在游戏规则允许的范围内创造性地参与，发挥主动性，利用各种条件完成练习，从而促进个性与创造才能的发展。再次，游戏过程中蕴含着丰富的思想教育素材，如集体协作、竞争意识等，教师应根据游戏的性质、过程以及学生的反应及时进行思想品德教育，培养学生的团结合作精神、挑战精神以及组织纪律性。

最后，教师应有效控制游戏过程，注意使用规则、练习数量、时间和场地等因素进行调节，以避免学生在游戏中过度兴奋或超出其承受范围。有效控制游戏过程是确保游戏达到预期教学效果的关键。

总结而言，游戏法在体育教育领域展示了适应性和多功能性，无论是在教学理念的传递还是在身体能力的培养方面，均有效地体现了其教育价值。该方法对于促进学生综合素质的全面发展具有显著影响，强调了身心协调发展的重要性。因此，在现代学校体育教学实践中，游戏法应被视为一种关键的教学资源，需被充分利用并深入探究其教育潜力。

（五）比赛法

比赛法在体育教学中通过模拟竞赛环境，促使学生在对抗形式下运用运动技术、技能、体能和智慧争取胜利。这种方法不仅加强了学生对运动技术的掌握，还促进了身心素质的综合发展，并培养了勇气、团队协作精神和良好的竞争意识。

在实施比赛法时，需确保比赛形式多样化和针对性。在团队运动如足球或篮球中，可以通过小规模比赛提高团队协作和战术理解。在评定标准上，如田径项目中通过跳高或跑步比赛比较个人最佳表现。此外，传统体育游戏如接力跑或投篮比赛也可融入课堂教学。教师需根据教学目标和学生实际情况设计比赛内容和形式。比赛前准备同样重要，包括适宜场地和器材的提供，充分思想引导和组织动员。为增强竞争性和不可预测性，教师应实现力量分配均衡，让学生的能力得到最大发挥，并注意准备活动以预防伤害。教师还应融入竞技文化教育，指导学生熟悉比赛规则，培养裁判能力，通过比赛过程和结果分析传授竞技欣赏知识，提升学生的竞赛文化素养。

比赛法在体育教学中具重要应用价值，能激发学生参与热情，加强心理承受能力和运动技能，培育良好思想品德。教师应适时运用比赛法，实现教学最佳效果，促进学生全面发展。

四、培养体育品德的方法

在当代学校教育中，培养学生的核心素养被视为学校教育重要的目标指向。"体育品德"作为三大重点素养之一，承载着对学生全面素质教育的深刻理解和执着追求。体育品德的二级指标包括体育精神、体育道德与体育品格。① 体育精神主要体现在积极进取、勇敢顽强、不怕困难、坚持到底、团队精神等；体育道德主要体现在遵守规则、尊重裁判、尊重对手、诚信自律、公平竞争等；体育品格主要体现在自尊自信、文明礼貌、责任意识、正确的胜负观等。② 因此，在体育教学的德育方面，已从关注道德品质和学习品质，转变为注重体育精神、体育道德和体育品格等全方位的发展，更注重于全方位培养人才。

（一）塑造学生的体育精神

为促进学生体育精神的发展，综合运用创新的体育课程设计、情境模拟、目标设定与反馈、榜样的力量和心理素质训练。这些方法旨在激发学生的积极参与，强化团队合作，培养面对挑战的勇气和毅力，同时加强对体育活动的价值理解。通过这些多元化的教学策略，学生不仅在体能上得到锻炼，更在心理和社会技能上得到全面发展。

---

① 邵伟德，齐静．基于"体育学科核心素养"的体育课堂教学目标设计思路［J］．体育教学，2020（1）．
② 中华人民共和国教育部．义务教育体育与健康课程标准（2022 年版）［M］．北京：人民教育出版社，2022：6．

1. 体育课程与活动的创新设计

在设计体育课程和活动时，应重点培养学生的积极进取态度和团队合作精神。通过团队竞技、户外探险和各类竞赛，不仅激发学生的参与热情和挑战精神，还能增强社交、领导力和问题解决能力。教师须考虑学生的个别差异，确保活动能适应不同的能力和兴趣的学生，并使每位学生都能在身心上获得成长，并感受到自身价值的提升。

2. 创设情境化教学与体验式学习

扩展情景模拟和体验学习的范围，通过情景模拟，学生可以在安全且受控的环境中体验竞赛的压力、挫折以及团队合作的重要性。这不仅有助于学生更好地掌握体育技能，还能让他们学会如何在现实生活中应对类似挑战。

3. 完善教学目标的设定与反馈机制

教师应鼓励学生设定具体的体育活动目标，并提供定期的反馈。目标不仅应具有挑战性，还要可量化，从而使学生能够跟踪并感知到自己的进步。除此之外，定期的反馈对于学生的成长至关重要。教师应提供具体、建设性的反馈，帮助学生识别自己的长处和需要改进的地方，从而调整训练方法或目标。通过目标设定，学生可以更清晰地认识到自己的进步和挑战点，进而激发他们坚持到底的决心。

4. 发挥榜样的力量

通过利用优秀运动员的事迹，可为学生提供真实的成功案例，展示运动所能带来的身心益处和成就感。这些运动员的故事和经验，尤其是他们如何克服困难和挑战，对于塑造学生的坚持精神和韧性具有重要意义。有条件的学校，可邀请优秀运动员参与教学活动，不仅能为学生们提供亲身体验和交流的机会，还能激发他们对体育的热情和长期参与的兴趣。此外，这种互动也有助于学生认识到体育活动不仅是竞技和锻炼，还是一种生活方式和自我提升的途径。

5. 加强学生心理素质训练

通过专门课程如压力管理、目标定位和自我激励技巧，帮助学生在竞赛和挑战中保持积极态度。这种训练不仅提升体育表现，也有助于学生日常生活中的应对策略，培养他们的心理韧性和自我管理能力。

（二）发展学生的体育道德

为促进学生体育道德的发展，学校应制订综合的教育计划，包括明确的教学目标、内容及评估机制。通过引入体育道德规范，结合情景教学和角色扮演，让学生在模拟的体育活动中实践道德行为，并鼓励学生在活动后进行反思与自我评价，以培养他们的道德自觉性和自律性。同时，建立正向激励与责任机制，通过表彰遵循道德规范的行为和适当矫正违规行为，形成既有激励又有约束的教育环境。这些措施的综合运用，将有效促进学生体育道德的全面发展。

1. 制订体育道德教育计划

进行体育道德教育课程设计时，教师需根据教育心理学和道德发展理论，构建以学生发展为中心的教学目标，细化为具体的行为标准和心理发展指标。体育教学方法应多样化，结合案例教学、小组讨论等，培养学生的批判性思维能力和道德判断力。

2. 引入体育道德规范

体育道德规范的引入应植根于社会文化认同和个体道德认知发展的理论基础上。通过规范的明确表述和示范行为的模仿学习，结合行为主义和认知发展理论，促进学生对道德规范的内化。此外，学校应定期对道德规范进行审视和更新，以反映社会的变化和学生认知的发展。

3. 实施情景式教学

情景教学方法通过模拟真实体育场景，让学生在模拟的体育活动中身临其境地学习和体验道德决策。根据康德的道德行为理论，情景教学可以有效地提升学生的道德自觉性和行为自律性。同时，结合维果茨基的社会文化理论，通过小组合作和互助学习，促进学生道德认知的发展和社交技能的提升。

4. 鼓励反思与自我评价

反思与自我评价是学生道德发展的重要组成部分。根据反思实践理论，通过引导学生反思体育活动中的道德选择和行为结果，可以促进其道德自我意识的提升和道德认知的深化。自我评价则依据社会认知理论，通过自我监控和自我调节机制，提高学生的道德责任感和自我效能感。

5. 建立激励与责任机制

激励与责任机制的建立应兼顾公正性和效能性。根据行为主义理论，正向激励可以增强学生遵循体育道德规范的动机，而负面教育则可以减少违规行为的发生。责任机制则依据责任感教育理论，强调个体对自己行为的责任，以及对集体和社会的责任。通过公正透明的规则设定和执行，结合情感教育和价值观塑造，形成一个既有激励又有约束的教育环境。

（三）发展学生的体育品格

体育品格的培养作为体育品德的组成部分，其主要体现在自尊自信、文明礼貌、责任意识、正确的胜负观等。通过体育技能展示、强调课堂规则、担任领导角色以及理解比赛的意义，学生不仅在体育技能上得到提升，更在个人品格和社会能力上得到全面发展。

1. 提升学生的自尊自信

学校或班级可定期举办体育技能展示日,让学生有机会展示他们的进步和成就。通过设置实现小目标的机会,比如提高跑步速度或球技水平,鼓励学生自我挑战并取得成功。同时,开展多样化的体育活动,努力让每个学生都能找到他们感兴趣且擅长的项目,从而增强他们在体育领域的自信心。

2. 强化学生的文明礼貌

通过建立体育课堂规则,来强调公平竞争和尊重对手的重要性。对于体育比赛或者项目展演,组织学生进行讨论环节,让学生理解体育精神和竞技道德。此外,通过团队项目中的实践活动,如比赛开始和结束时的握手,培养学生的礼貌和尊重对手的良好品格。

3. 培育学生的责任意识

为了培养学生的责任意识,可以让他们轮流担任团队的领导角色,如队长或协调员,负责组织和引导团队活动。通过团队项目,让学生体会到个人行为对整个团队成绩的影响,从而增强集体责任感。此外,通过规划和组织课程项目,学生能够在实践中学习组织和领导能力,从而更好地理解团队合作的价值和个人在其中的作用。

4. 正确的胜负观的塑造

在发展学生的正确胜负观方面,重点是教育学生理解在体育比赛中,过程和努力同样重要,甚至比结果更重要。通过举办体育比赛并强调参与和尝试的价值,学习到胜利和失败都是成长的一部分。此外,组织讲座或活动,分享著名运动员的故事,尤其是他们如何面对挑战和失败,可以帮助学生学会从挑战中学习并保持积极态度。最后,通过在体育活动后进行反思和讨论,引导学生关注自己的表现和进步,而非仅仅关注胜负,从而培养他们正确对待胜利和失败的能力。

第四节

体育教学方法的启示与发展

体育教学方法在实现教学目标和完成教学任务方面起着关键作用，其发展与创新，不断与教学的其他要素相互作用，并影响教学效果。体育教学方法的改革与发展为体育教学注入了新的活力和生机。尽管当前的体育教学方法存在诸多挑战，但其持续的优化和完善，将推动体育教学的整体革新。伴随着教学形式的多元化，体育教学方法正在向现代化、心理学驱动以及个性化教学的方向发展。

一、体育教学方法的启示

（一）现代技术融入体育教学方法

随着现代教育技术的进步，体育教学方法也展现出现代化趋势。利用多媒体、高清录像、互联网、直观的挂图以及高科技运动器材，均为教学方法提供了完善的手段和工具。这些技术不仅增强了体育教学的多样性，还大大促进了学生对技术动作的学习。

（二）体育教学中的心理学应用

体育学习不仅是一种身体活动，更是一个复杂的心理过程。因此，在技术动作的教学分析中，应超越传统的学习和训练范畴，更多地关注心理变化的影响。例如，在课程的开头阶段，通过营造生动有趣的学习环境来激发学生的学习兴趣和积极性；在基础训练环节，注重观察学生的动作表现，并及时分析其心理因素；在课程结束时，通过播放舒缓的音乐和实施放松练习等方式，帮助学生调整和优化心理状态。

（三）体育教学方法的个性化

教学过程被视为教师与学生共同参与的互动活动，其中学生作为教学的中心，承担关键的内在动力角色。为了实现优异的教学成果并充分激发学生的主动性，实施因材施教的教育策略成为教学过程中不可或缺的一环。当代体育教学实践强调对学生个体差异的认识与尊重，倡导民主式教学理念。传统以讲解、示范、纠错为核心的教学模式已逐渐转变为更加注重探究、自主学习和小组合作的教学方式。

二、体育教学方法的发展方向

（一）注重学生的主体性

当前体育教学趋势强调学生学习的主动性、能动性和创造性。体育教学观念从以体育为手段转变为强调运动的目的性。教学方法的设计由传统教法向促进学法的转变，教学模式从单向教授演变为双向指导。全体性教育被视为学生的基本权利，教师肩负着不让任何学生落后的责任。在体育教学方法的设计与实施中，越来越多地考虑到对不同水平学生的差异化教学，旨在让每位学生都能体验到成功和快乐，确保所有学生的全面提升和发展。

（二）注重学生的社会性

体育教学是培育学生社会美德如合作、竞争、正义和奉献的重要途径。创新的体育教学方法为学生提供了协作学习、小组讨论、互帮互助和榜样激励等机会，这不仅有助于培养学生的团队意识和集体精神，还助于塑造乐于助人、规范行为和友好交往的品格。

（三）注重学生的创新性

培育学生的创新能力是教育的核心目标之一。体育教学中也应注重激发学生的创新潜能，培养他们的创新意识和创造力。这包括鼓励在技术动作、规则设定、组织形式和学习方式上的创新。体育教师应鼓励学生勇于探索，激发他们的求知欲、好奇心和创新思维，并提供积极的鼓励与指导，创造适合学生创新的环境和机会。

第七章

高校体育教学模式的
选择与建构方向

体育教学模式基本理论

在我国体育教育不断发展的背景下，深入研究体育教学的各个方面变得尤为关键。高校体育教学模式，作为体育教育体系的一个重要部分，对于加强和深入体育教学研究具有重要的价值。通过对体育教学模式进行改革和创新，可以有效推动高等教育中体育教学的进步。本章将专注于探讨体育教学模式的基本理论、常见的体育教学模式、高校新型体育教学模式的构建、高校体育教学模式的改革与发展。

一、体育教学模式的概念

20 世纪 70 年代末至 80 年代初期，伴随中国政治经济的综合性改革，体育教学也展开了全方位的变革。这一变革过程以体育教学观念的转型为先导，以更新教学工具和方法为基础。然而，随着时间的推进，这种改革模式在一定程度上造成了教育理论与教学实践、教学思想与教学内容及方法之间的断裂。鉴于此，从 20 世纪 80 年代末开始，体育教学改革的焦点逐渐转向教学思想与教学方法的整合，导致对传统体育教学流程的多维度改革与优化。进入 90 年代，教育学者们开始显著运用"教学模式"这一术语，并努力将此类研究深化。

鉴于我国在体育教学模式研究领域的探索仅有约 30 年历史，并且这些研究是在众多理论问题尚未解决、对关键概念缺乏明确阐释和共识的情境中进行的，研究者们往往基于个人理解甚至主观臆断来展开探讨。因此，这些研究在认识的一致性和定义的统一性方面不可避免地存在着不同程度的问题。

杨楠的定义为体现某种教学思想或规律的体育活动的策略和方式，它包括相对稳定的教学群体和教材、相对独特的教学过程和相应的教学方法体系。[①]

《体育科学词典》的定义为按照一定的体育教学理论或教学思想设计，具有相应结构和功能的体育教学理论或教学活动模型。[②]它涵盖了教学理论或教学指导原则、教学目的、教学环境、实施程序以及教师与学生的互动这五个主要要素。

毛振明将体育教学模式定义为体现某种教学思想的教学程序，它包括相对稳定的教学过程结构和相应的教学方法体系。主要体现在教学单元和教学课的设计和实施上。[③]

该定义通过对教学过程中的关键要素进行精简和明确，实现了对体育教学模式概念的必要修正和完善。它突出了体育教学模式的

---

① 杨楠. 体育教学模式与主体教学浅论 [J]. 北京体育师范学院学报, 2000, 12 (1): 1 – 11.

② 中国体育科学学会、香港体育学院. 体育科学词典 [M]. 北京：高等教育出版社, 2003: 285.

③ 毛振明. 体育教学模式论 [J]. 体育科学, 1998, 18 (6): 5 – 8.

核心内涵，即"教学过程的结构与相应的教学方法体系"，同时省略了一些较为次要的因素，如教学环境、教学群体、教材内容等，从而赋予了这一概念以准确性和简洁性。此外，这一定义还对教学模式的设计和实施进行了关键环节和技巧上的补充界定，特别是将其框定在"教学单元和教学课"层面上。这种界定对体育教学模式的理论阐释和实际操作有显著意义，明确了体育教学模式是按照课次和单元进行的，且随着单元教学的结束而结束。不同单项的单元教学在体育教学模式上也表现出一定的差异。

邵伟德将体育教学模式定义为体育教学模式是指具有特定的体育教学思想，用以完成体育教学单元目标而设计的相对稳定的教学程序。[①] 该定义有意省略了如课程内容、教材性质、教学方法、师生关系、教学条件等被视为次要且非本质的要素。

综上所述，笔者更认同邵伟德的定义内容，首先，该定义强调了特定体育教学思想的重要性，突出了理论指导在教学过程中的核心作用，这有助于确保教学活动与教育目标和价值观保持一致性。其次，将焦点放在"完成体育教学单元目标"上，具体化了教学过程的目的性，为教学活动提供了明确的方向和目标。最后，对"相对稳定的教学程序"的强调，则说明教学过程应具有一定的连贯性和可预测性，这对于保障教学效果和质量至关重要。

二、体育教学模式的特征

（一）理论性

体育教学模式的理论性本质体现在其紧密的映射和实践特定的

---

① 邵伟德. 体育教学模式论 [M]. 北京：北京体育大学出版社，2005：11－19.

体育教学指导思想。这些模式不仅是教学方法或技巧的集合，而且是教学过程理论的具体化实施和体现。教学模式的完善性和清晰度依赖于其所根植的明确和系统化的教学理念和理论基础。理论性赋予体育教学模式结构和框架，确立其在实践中的指导性地位。例如，学习理论、运动生理学、心理学等为教学活动提供理论上的指导和支持。

（二）可操作性

体育教学模式的操作性特征体现在其易于教师模仿和应用。教学模式提供教学活动的时间安排和教学步骤的清晰结构，具有较强的操作性。例如，魏书生的"六阶段教学论"代表性教学过程从提出要求到系统总结。尽管教学流程具有不可逆性，但可以根据实际情况调整，体现实用性和灵活性。体育教学模式在不同条件下表现出特定的适应性和差异性，同时受教学理念和指导理论的影响。

（三）匹配性

体育教学模式在实施和效果上反映出教学过程的多样性和特定性。这些模式通常具有针对性和适用性，意味着它们在特定的教学环境、学生群体、场地设施条件下最有效。例如，某教学模式在竞技体育训练中表现出色，而在普及性体育教育中效果一般。理解每种模式的独特功能和特点至关重要，以确保在适当环境中应用，达到最优教学效果。随着体育教育理论的发展和实践经验的积累，对教学模式的应用范围和效果进行精确判断和选择变得重要。

（四）评价性

所谓评价性，指的是在任何成熟的教学模式的确立过程中，必然伴随一套与之相匹配且覆盖整个教学过程的评价体系。这不仅反映教学模式背后的理念，也是对教学方法的客观评估和审视。在体育教学模式评价中，评价性体现出该教学模式所倡导的教学价值观，也反映了教学组织过程的可行性和有效性。每种教学模式应为实施的教师提供具体而明确的教学反馈，包括对教师理解程度、参与度、认知能力及学习能力的综合性评估。这种评估促进教师个人成长，有助于教学模式的持续改进和发展，使之更符合教育规律性和实践需要。

（五）整体优化性

体育教学模式的显著特征是其整体优化性。在新兴教学理念的指导下，教材内容的选择、教学过程设计、教学方法选取及评价方式应用都经过综合调整和优化，形成一个协调统一的教学系统。这种模式关注整个教学流程的全面优化，旨在实现更高效、更有效的教学成果。不仅包括教材内容和教学方法的精心挑选，还涉及教学过程中每个环节的详尽规划和优化，例如，教学目标设定、学生参与度提升策略、多样化教学活动设计，以及持续评估和调整。整体优化性提升了教学质量，增强了教学适应性和灵活性，应对不断变化的教育需求和挑战。

（六）简洁概括性

体育教学模式的简洁概括特性在于，它不是逐字复制体育教学活动，而是在展现个性基础上剔除次要因素，简明系统地呈现模式本身。这种模式是对相关理论的精炼和实践的简化，有效表达特定的体育教学思想，并简化教学过程的各个环节。它通过简洁的笔触、线条、符号或图表概述整个教学模式，在内容上浓缩和提炼了体育教学活动的理论或实践要素，在种类上将具有共同特征的模式归纳为一类，使教学目标更明确，帮助教师在实践中更清晰地理解和选择不同教学模式。

三、构建体育教学模式的结构

体育教学模式的结构指的是构成该模式的各种要素，主要涵盖了教学思想、教学目标、操作程序、实施条件和评价方式等方面。具体来说，这些要素的详细内容如下所述。

（一）教学思想

在构建体育教学模式的过程中，教学思想作为其核心组成部分，并提供了必要的理论和思维框架。这表明，为了发展一个有效的体育教学模式，关键在于拥有坚实的理论基础和明确的指导思想。由于理论导向的不同，各种体育教学模式呈现出显著的多样性。举例来说，美国在 20 世纪 90 年代推广的"全人教育体育模式"与欧洲的"综合体育教学模式"，都是基于当时学生需求和社会背景而设计的。这些模式的共同特点在于它们鼓励学生积极参与体育活动，提高了他们的参与度和主动性，同时帮助学生养成长期参与体育运动的习惯。这种教学模式不单单注重体育技能和知识的传授，而是更加强调情感、态度和价值观的塑造，旨在通过体育活动促进学生的全面发展，包括身心健康和社交能力的提升。

（二）教学目标

在体育教学领域中，确立教学目标是构建体育教学模式的关键所在，是为了有效达成体育教学的预定目标。缺乏明确的教学目标将导致体育教学模式失去其存在的必要性和价值。体育教学模式所能实现的教学成效，实际上是教师对于特定教学活动在学生身上可能产生的影响的预估。当体育教学的主题被具体化，它便转化为具体的教学目标。这些教学目标不仅构成了体育教学模式的核心，而且对模式中的其他要素产生深远的影响和约束。这意味着，教学目标的设定不仅指导着教学内容和方法的选择，还影响着教学评估的标准和方式。因此，体育教学模式的有效性和成功在很大程度上依赖于其教学目标的明确性、实用性和可达成性。

（三）操作程序

在教育领域，无论针对哪个学科，教学活动的关键组成部分之一就是所谓的操作程序，即教学的步骤和环节。在体育教学的实际应用中，操作程序特指那些按照时间顺序展开、具有逻辑性的教学环节及其具体实施方法。每种体育教学模式都拥有其独特的操作程序，这些程序与其他模式有着显著的不同。虽然操作程序在某种程度上是基本和相对稳定的，但它们并非完全不变，而是可以根据教学需求和情境进行适当的调整和优化。操作程序的设计和执行对于实现教学目标、保持课程的连贯性和有效性至关重要。因此，体育教师需精心设计操作程序，以确保教学活动能够顺利进行，并最大限度地发挥其教育效果

（四）实施条件

实施条件是体育教学模式的关键组成部分，主要指在教学过程中采用的各种策略和手段。这些条件不仅补充说明了操作程序，而且为体育教师在选择适当且高效的教学方法和策略提供了指导。在实现体育教学模式时，人力资源、物理资源和动力资源是三个核心要素。人力资源包括教师与学生的互动以及教师的专业能力；物理资源涉及教学内容、时间空间的合理分配以及运动场地和设备的配置；动力资源则关注于激发学生的学习动力和教师的教学热情。此外，学校的基础设施，如运动设施的现代化和维护，也对体育教学

模式的有效实施起到了重要作用。这些条件共同构成了体育教学模式的实施基础，确保教学活动能够顺利进行。

（五）评价方式

评价体育教学效果时，必须考虑到不同教学模式所追求的目标及其所采纳的教学程序和环境各不相同。因此，每种教学模式都应拥有其独特的评估标准和方法。将统一标准应用于所有教学模式的评估，可能会导致评估的科学性和结果的可信度受损。例如，在技能导向型教学模式中，评价标准可能更侧重于学生的技能掌握程度和运动表现，而在健康教育导向的模式中，评价可能更注重学生对健康知识的理解和生活方式的改变。这种差异化的评估方法能够更准确地反映出各种教学模式的特点和成效，同时也有助于教师更好地理解和适应不同的教学需求，从而在实际教学中取得更好的效果。通过这种方式，教育评估不仅成为了衡量学生学习成果的工具，也成为了提升教学质量和适应性的重要手段。

第二节
常见的体育教学模式

一、小群体体育教学模式

（一）构建背景

小群体体育教学模式，受日本"小集团学习"理论启发，是一种创新的体育教学方法。在这种模式下，教师将学生分成小组，每组独立开展学习活动。该方法通过小组内成员间的交流、协作和竞争，激发学生的主动性，提高教学质量。

该模式最初应用于非体育学科，20 世纪 50 年代起这种模式扩展到体育教育。在高校体育教学中，该模式不仅取得显著成效，还为教学发展奠定基础。通过小组合作，学生能更好地理解体育技能和理论知识，同时培养团队合作、沟通和解决问题的能力。小群体模式还支持个性化学习和差异化教学，让教师针对每个小组的特点实施精准教学策略。因此，这种模式不仅是教学方法的创新，也是体育教学理念和实践的重要转变。

（二）指导思想

小群体体育教学法的指导思想基于遵循体育学习的生理发展规律和教育作用，结合高校体育教学中团队合作的要素及学生间的社会互动，旨在促进学生之间的交流，从而提升他们的社交能力。此外，这种教学模式还注重于培养学生的自主学习能力，并重视适应每个学生的个体差异。总的来说，小群体体育教学模式的指导原则可以归纳为四个核心方面：

一是针对性地培养学生的积极品质，如自律、团队合作精神及领导能力。

二是强调集中注意力和团队精神，要求学生相互协助、团结协作，以此增强小组的整体竞争力。

三是通过教育学生学会相互帮助和健康竞争，促进他们的身心发展，并提高其社会适应能力。

四是在保证组与组之间条件基本一致的前提下，鼓励学生进行公平竞技，以此激发学生的学习兴趣，并提升学习效果。

此外，这一模式还强调了对学生个体差异的尊重和适应，鼓励教师在教学过程中发现和挖掘每位学生的潜能，提供个性化的学习指导，从而最大化地发挥每位学生的潜力。通过这种方式，不仅可以提升学生的体育技能，还能够促进其全面的人格发展。

（三）操作程序

小群体体育教学模式是一种有效的教学策略，它通过明确的操作程序来优化教学过程和提升学习效果。以下是对该模式操作程序的详细阐述。

1. 制定单元教学内容目标

教学的首要步骤是明确制定单元教学内容的具体目标。这些目标应该具体、可量化，并与学生的学习需求和课程标准紧密相连。制定目标时，教师需要综合考虑学生的先前知识、技能水平及学习兴趣。

2. 课前测验

在正式教学之前，进行一次课前测验能够帮助教师了解学生的基础知识和技能水平。这一步骤对于后续的分组和教学计划制订至关重要，因为它可以帮助教师更加精准地满足每个学生的学习需求。

3. 初步评价

对课前测验结果进行初步评价，以便于判断学生的学习起点。这一评价应当全面、客观，以确保后续分组和教学活动的有效性和适宜性。

4. 确定分组方案与练习要求

根据初步评价的结果，教师需确定合理的分组方案，确保每个小组成员的能力、特点和学习需求得到平衡。同时，明确每个小组的练习要求，包括练习内容、目标、方法等，以便于小组成员能够有效地协作和实践。

5. 各组间合作竞争帮助

在小组间建立一种合作与竞争相结合的环境，旨在激发学生的学习动力和团队合作精神。通过小组内成员间的互助以及小组间的健康竞争，学生可以在相互学习和共同进步的氛围中提升技能。

6. 教师教学指导

教师在整个教学过程中扮演着指导者和协调者的角色。教师不仅要提供专业知识和技能指导，还要监督小组活动，确保每个学生都能积极参与并从中受益。

7. 课后测验评价反馈

教学单元结束后，进行课后测验以评估学生的学习成效。这种评价应涵盖知识掌握和技能运用两个方面。根据测验结果，教师需要向学生提供反馈，帮助学生识别优势和改进点。

通过这一系列精心设计的操作程序，小群体体育教学模式能够更有效地促进学生的学习和发展，同时提高课程的整体教学质量。

(四) 优势与局限性分析

1. 优势分析

第一，小群体教学模式在体育教学中的运用，主要强调培养学生的团队合作精神和社会适应能力。这种方法通过促进小组内的互动和合作，有效激发学生的学习积极性，同时也培养他们在竞争环境中的适应性。例如，通过小组间的比赛和协作任务，学生不仅学会在团队内部沟通和协作，还能在和其他团队的互动中提高社交技能和团队精神。

第二，小群体教学同时也促进了组内和组间的竞争与合作能力的平衡发展。这种教学模式不仅加强了组内成员间的相互协助，提高了团队协作能力，同时也在组间创造了健康的竞争环境，从而增强了学生的竞争意识。这种平衡的竞争和合作模式有助于学生在竞争中学习尊重和团队精神，在合作中提升解决问题和共同目标达成的能力。

2. 局限性分析

在实施小群体体育教学模式时，由于重点放在培养学生的社会适应能力上，可能会出现一个潜在的问题：过多的时间投入社交互动和团队建设活动中。这种情况可能导致对体育教学本身内容的关注和学习时间受到压缩。例如，在注重团队合作和社交技能培养的过程中，教学计划可能过分强调团队活动的组织和反思，而忽视了对学生个人体育技能和理论知识的系统训练。

因此，在这种教学模式下，教师需要在团队合作技能培养和体育教学内容学习之间寻找一个恰当的平衡点。虽然团队合作和社会适应能力对学生的全面发展非常重要，但也需要确保学生有足够的时间和机会来专注于提升个人的体育技能和理论知识。这可能需要对教学计划进行更细致的规划，以确保两方面的学习都能得到充分的发展和提升。

二、领会式体育教学模式

（一）构建背景

领会式体育教学模式，首次由英国的教育学者在 20 世纪 80 年代提出，旨在对球类运动的教学方法进行创新性改革。这一模式的引入，主要是为了深化对新体育教程的理解，并致力于纠正传统教学方法中的一些不足。其核心批判在于，以往的球类教学过分强调技能训练，而忽视了学生对整个运动项目的全面理解，包括对运动特点的深入认识。领会式教学模式强调综合技能的培养，不仅包括技术技能的训练，还涵盖了对运动规则、策略和文化的全面理解。这种模式的目的是促进学生对体育活动的整体领会，从而提高教学质量，并激发学生对体育运动的长期兴趣和参与热情。

（二）指导思想

领会式体育教学模式核心在于结合实践与理论，强调"实践先行，理论随后"的教学方法。此模式鼓励学生通过初步实践引入学习，突出实践对理论理解的促进作用。同时，强调在实践中理解运动技能的重要性，以增强学生的学习兴趣和参与度。此外，该模式提倡先进行全面教学再分解教学，使学生在掌握整体知识后，能更有效学习各部分内容，并清晰认识到自身进步。最后，模式推崇以竞赛为主要教学形式，以提升学习积极性和实用性。通过竞赛，学生能在真实环境中应用所学技能，培养团队精神和竞技意识。综合来看，领会式教学通过强调实践重要性、理解与体验的结合，以及教学方法的交替使用，创造全面、动态和互动的学习环境，有效提升学生体育技能和理论知识。

（三）操作程序

领会式体育教学模式是一种注重学生理解和掌握体育运动技术的教学方法，其操作程序可以分为六个阶段。

1. 项目介绍

教师首先对选定的体育项目进行全面介绍，包括项目的基本规则、技术要点、历史背景及其重要性。这一阶段的目的是为学生提供项目的基础知识，激发他们对项目的兴趣和好奇心。

2. 尝试性比赛

学生参与初步的、非正式的比赛或实践活动，以初步体验运动项目的基本技巧和规则。这一阶段允许学生在轻松的环境中尝试和探索，从而更好地理解运动的实际操作。

3. 发现问题

在尝试性比赛的过程中，学生将自然遇到一些技术上的困难或问题。教师引导学生识别和意识到这些问题，使学生对自身的技术需求有一个清晰的认识。

4. 针对问题的技术教学

基于学生在实践中发现的问题，教师进行有针对性的技术指导和教学。这一阶段通过逐项技术的分解教学，帮助学生逐步掌握运动技能，解决具体的技术难题。

5. 动作完整练习

学生在掌握了单项技术后，开始进行动作的完整练习。这一阶段旨在帮助学生将分散的技术点整合到完整的运动动作中，提高运动技能的流畅性和协调性。

6. 再实践

学生继续在实践中重复之前的操作程序，直至完全掌握动作。这一过程可能需要多次重复，目的是通过不断的实践和反馈，使学生能够熟练地执行运动技术。

通过这一系列的操作程序，领会式体育教学模式强调在实践中学习，通过发现和解决问题的过程，使学生深入理解并掌握体育运动的技能，从而提高其运动能力和兴趣。

（四）优势与局限性分析

1. 优势分析

领会式体育教学模式重点在于启发学生从初始体验中认识到掌握正确运动技巧的重要性。这种教学方法的核心是教师根据学生的需求和能力水平，采用合适的策略，激发学生对特定运动技能的兴趣。这不仅增强了学生的学习动力，还提高了学习效率。该模式特别强调个体化教学，教师关注每个学生的学习进度和理解程度，以适应不同的学习风格。同时，鼓励学生在学习过程中进行自我反思，增强对技能掌握的自我认知，促进深层次学习和技能的长期保持。领会式教学为学生提供了一个支持性和响应性的学习环境，有助于他们全面发展体育技能和相关认知。

2. 局限性分析

在实施领会式体育教学模式时，一个显著的挑战是学生在参与尝试性比赛时，由于对该运动缺乏深入理解，可能会导致比赛的流程受阻。为了应对这一问题，教学过程中可以考虑适度降低比赛的难度和技术要求，从而帮助学生逐步适应并更好地投入比赛。通过调整比赛难度，不仅使比赛进行得更加有序，而且有利于保障学生在这一过程中的积极参与和学习效果。此外，这种逐步递进的方式有助于学生在参与过程中逐渐建立起对运动规则、技巧和策略的理解，从而在未来的比赛中展现出更佳的表现。因此，领会式教学模式在实施时需要灵活调整，以确保教学目标的实现和学生学习体验的优化。

三、选择式体育教学模式

（一）构建背景

在当代高等教育体育教学中，受到"健康第一"理念和教育教学改革的深远影响，学生中心的教学理念得到了显著体现，特别是通过引入选修课的方式。这种教学模式的创新允许学生根据个人兴趣和需求，自主选择适合自己的体育项目进行学习，从而更有效地提升学生的学习动力和参与度。选修课制度的实施不仅提高了教学的灵活性和适应性，也符合多样化和个性化教育的趋势。选择式教学模式在多所高校中得到广泛应用和高度评价，因为它不仅增强了学生的体育学习体验，还促进了其身心健康和综合素质的全面发展。此外，这种教学模式的推广和实施，反映了现代教育对学生个性化需求的重视，以及教育改革向着更加人性化和学生导向的方向发展的趋势。

（二）指导思想

在体育教学领域，选择式教学模式提倡一种学生中心的教育理念，这一模式极大地强调了学生自主性的重要性。在这种模式下，学生被赋予了较大的自主权，包括选择学习内容、确定学习节奏、挑选参考资料、选择学习伙伴以及设定学习难度等方面。这种教学方式的核心优势在于能够有效激发学生的学习热情，进而促进他们的积极参与。通过赋予学生更多的选择权和自主权，学生的学习动机和主动性被充分调动，从而为个性化学习创造了条件。此外，选择式教学模式还有助于培养学生的决策能力和自我管理能力，这些技能对于他们的终身学习和个人发展至关重要。此模式也鼓励学生根据自己的兴趣和能力水平进行学习，这样做不仅增强了学习的相关性和实用性，而且还有助于学生在学习过程中建立更加积极和自信的自我观念。

（三）操作程序

在选择式体育教学模式中，操作程序的具体步骤及其教育意义可以有如下阐述。

1. 个性化选择运动项目

学生根据自己的兴趣、技术水平和学习需求，选择适合的运动项目。这一阶段强调学生自主性的发挥，鼓励他们根据个人偏好选择具有一定技术难度的运动，同时也考虑与伙伴的协作关系和学习难度。这种个性化的选择有助于提高学生对体育活动的积极性和参与度。

2. 深入学习选择的运动项目

学生对所选运动项目进行系统性和深入的学习。这一阶段不仅涉及基本技能和规则的学习，还包括策略、技巧的掌握以及对运动项目的深层理解。通过大单元的学习方式，学生能够更全面地掌握运动项目的各个方面，形成更深入的技术理解和应用能力。

3. 技术熟练化及课外强化

学生通过持续的实践和训练，使运动技术达到熟练化程度。这一阶段注重实践练习和技能的巩固，特别强调课外练习的重要性。通过反复的练习和实际应用，学生能够将学到的技术内化为自己的技能。

4. 养成终身体育习惯

最终目标是培养学生将体育活动作为生活的一部分，养成长期运动的习惯，为终身体育打下坚实的基础。这不仅涉及技能的掌握，更重要的是形成对体育运动的积极态度和持续参与的习惯。

通过这些步骤，选择式体育教学模式有效地促进了学生的主动参与和个性化学习，有助于学生根据自己的兴趣和能力发展运动技能，同时为其终身体育活动奠定了基础。

（四）优势与局限性分析

1. 优势分析

第一，在自主学习模式中，学生可以自由选择其学习内容，这不仅体现了学生作为学习主体的重要性，还极大地促进了学生的学习兴趣。第二，由于学生能够根据个人的兴趣和需求来挑选学习材料，这种方法不仅能更有效地培养学生的主动性、学习激情、学习态度和情感投入，还能增强他们克服困难的意志力和责任感。第三，这种教育方式有助于学生发展批判性思维和创新能力，因为他们需要评估和选择最适合自己的学习资源。第四，这也鼓励学生进行深度学习，更全面地掌握知识，因为他们是在自己感兴趣的领域内学习，这通常会激发更深入的探索和理解。

2. 局限性分析

选择式体育教学模式虽然对有明确运动兴趣的学生有效，但对于尚未确定运动兴趣或缺乏经验的学生，可能造成选择上的盲目性和困惑。这种模式的局限性在于它可能不适合所有学生，因为这些学生在选择运动项目时可能会感到迷茫，影响他们的学习积极性和教学效果。

此外，选择式教学在实施中可能受技术难度、趣味性、运动量和考核评价等因素影响，导致学生出现功利性选择，如倾向于选择技术要求低、容易掌握或容易得高分的项目。这种倾向限制了学生尝试多样运动项目的机会，可能导致课程内容不均衡，不利于全面和均衡的体育教学，影响教学活动的有效性和学生的全面发展。

四、发现式体育教学模式

（一）构建背景

在教育领域中，发现式体育教学模式被视作一种先进的教学理念，其核心在于通过教师的引导和激励，激发学生自主探索、发现问题并解决问题的能力。在此模式下，学生不仅仅是被动接受知识的容器，而是成为主动探索和构建知识的主体。这种教学模式特别强调培养学生的直觉思维、激发其内在学习动机，并重视教学过程中学生的主动参与和实践经验的积累。通过这种方法，学生能够更加深入和全面地理解体育运动中的原理和知识，从而促进其综合素质的提升。此外，发现式教学还注重培养学生的创新思维和问题解决能力，为其未来的学习和生活打下坚实的基础。

（二）指导思想

发现式体育教学模式是"以学生为中心"，通过教师的恰当引导，激发学生主动思考和独立解决问题的能力。这种教学方法侧重于遵循学生的认知发展规律，强调将学生置于教学活动的核心位置。在该模式下，教师设计各种有趣的体育活动和互动环节，如游戏化学习和实践导向活动，以提升学生的学习兴趣和参与度。同时，学生被鼓励参与决策过程和创新思考，通过团队讨论和案例研究，来提高他们的认知能力和智力发展。

教师的角色转变为学生学习过程中的辅导者，通过引导性问题和反馈，帮助学生探索正确的学习路径。学生在揭示答案之前被鼓励自行探索和尝试，这不仅加深了他们对问题的理解，也增强了解决问题的能力。通过创造真实且具挑战性的学习场景，学生的好奇心和探索欲被进一步激发。

（三）操作程序

在发现式体育教学模式中，操作程序的具体步骤及其意义可以详细阐述如下。

1. 设置教学情境

教学开始时，教师需要创设一个适合学生探索和学习的教学情境。这个情境应与学生的实际经验相关联，以增加其学习的兴趣和参与度。设置情境的目的是为了激发学生的好奇心，促进他们主动探索。

2. 结合教学情境提出问题

在所设定的情境中，教师引导学生思考和提出相关的问题。这些问题应与教学内容紧密相关，旨在引导学生通过探索和实践来寻找答案。

3. 进行初步的尝试性练习

学生在教师的引导下开始初步的尝试性练习。这一阶段不强调正确性，而是鼓励学生进行探索和实验，以增进对问题的理解。

4. 寻找问题的答案

学生通过个人或小组合作，运用已有的知识和技能去寻找问题的答案。这个过程中，教师扮演着指导者和协助者的角色，帮助学生在探索中前进。

5. 验证假说，得出答案

在实践过程中，学生对自己的假设进行验证，并逐步得出结论。这一步骤是学生认知发展的重要环节，它促进了学生的批判性思维和问题解决能力。

6. 进行正常的运动技术教学

经过初步的探索和实践后，教师引导学生进行更系统和规范的运动技术教学。这一步骤帮助学生巩固和深化之前的发现，同时提高他们的技术水平。

7. 结束单元教学

教学单元结束时，进行总结和反思。这一步骤旨在帮助学生整合和理解学习过程中的关键点，同时为未来的学习打下基础。

通过这些步骤，发现式体育教学模式有效地促进了学生的主动学习，鼓励他们通过探索和实践来获得知识，从而增强了学习的深度和持久性。

（四）优势与局限性分析

1. 优势分析

在教育学领域，发现式体育教学模式被视为有效激发学生学习热情和积极性的方法。通过创造启发性的教学环境，它鼓励学生主动参与和探索，显著提高了他们对体育知识的学习效率和深刻理解。同时，该模式通过构建问题情境，激发学生的探究欲和好奇心，促进智力发展。在这样的教学环境中，学生被鼓励积极思考和解决问题，从而提高认知能力，培养创新思维和问题解决技能，为他们的未来学术和职业生涯打下坚实基础。

2. 局限性分析

发现式体育教学模式存在一定的局限性。由于在课堂上分配较多时间于问题的提出和解决，实际进行运动技能练习的时间相对减少，可能对学生掌握运动技能产生负面影响。此外，该模式的有效性易受学生个体差异、课堂环境的多变性和教学资源限制的影响，使得其难以在短时间内与传统教学方法有效比较。发现式教学还对教师的专业素养和创新能力提出更高要求。同时，由于强调学生自主学习，可能导致学习成果的差异化，尤其在学生基础能力不均的情况下。

五、体育锻炼类体育教学模式

（一）构建背景

体育锻炼类教学模式在现代教育环境中的确立，旨在提升学生的身体健康和应对现代生活方式导致的体质问题。它不仅强调身体健康，还重视心理健康和社交技能的培养，通过团队体育活动促进学生的心理和社交能力发展。此模式还旨在培育学生的终身体育观念，激发对体育运动的长期热爱。适应教育改革需求的同时，这一模式是对社会健康挑战的积极回应，通过结构化体育活动促进学生身心全面健康，体现现代教育理念和社会健康需求的重视。

（二）指导思想

体育锻炼类体育教学模式的指导思想强调全面发展学生的体质、培养终身体育习惯、促进自主性和个性化发展，以及综合素质的提升。此模式专注于通过体育锻炼增强学生的身体素质，如心肺功能、肌肉力量、耐力、协调性和灵活性。同时，教学内容包括传统体育运动和新兴的健身方式，如瑜伽和普拉提，以满足不同学生的健康需求。此外，该模式强调体育活动不仅是学校教育的一部分，而且是一种生活方式，旨在激发学生对体育的持续兴趣并建立长期运动习惯。

体育锻炼类教学模式不只注重体育技能提升，还致力于通过体育活动促进学生社交能力、团队协作、自我管理和解决问题的能力。这种教学方式鼓励学生在团队体育中学习合作，在竞技活动中应对挑战，在自我挑战中学习自我管理。实践和体验学习方法使学生直观理解和掌握运动技能，体验运动的乐趣和挑战，更好地理解体育运动的价值。同时，教学模式中整合了健康教育，包括良好饮食习惯、健康生活方式和基本自我保健知识，旨在帮助学生建立全面的健康观念，并将其应用于日常生活。

（三）操作程序

体育锻炼类体育教学模式着重于通过有组织的体育活动来提升学生的体能和健康水平。这种模式通常包括以下六个关键步骤。

第一步，确定锻炼目标和标准。此阶段的核心任务是明确锻炼的目标和标准，这包括确定锻炼的强度、时间、频率等。目标应根据学生的年龄、性别、健康状况和体能水平来设定，以确保活动既安全又有效。

第二步，设计锻炼计划。在确立了锻炼目标后，教师需设计具体的锻炼计划。这个计划应包括多样化的活动，如有氧运动、力量训练、柔韧性训练等，旨在全面提高学生的体能。

第三步，实施锻炼计划。在教师的指导下，学生开始按照计划进行体育锻炼。在这个阶段，教师需要监督学生的锻炼过程，确保他们正确、安全地执行各项活动。

第四步，监测和调整锻炼过程。教师需要持续监测学生在锻炼过程中的表现和进展。根据监测结果，教师可能需要对锻炼计划进行调整，以适应学生的体能变化和健康需求。

第五步，评估锻炼效果。锻炼计划实施一段时间后，进行效果评估是必要的。这包括评估学生的体能提升、健康状况改善等方面。评估结果可以用于进一步调整锻炼计划。

第六步，培养长期锻炼习惯。最后，教师应致力于帮助学生培养长期的体育锻炼习惯。这不仅涉及学校体育课程，也应鼓励学生在课外时间积极参与体育活动。

通过这种系统性的操作程序，体育锻炼类教学模式不仅能有效提高学生的体能和健康水平，还能帮助他们形成终身参与体育锻炼的习惯，从而促进他们的整体健康和福祉。

（四）优势与局限性分析

1. 优势分析

体育锻炼类教学模式重点在于促进学生的全面身心发展。通过多样的体育活动，它有效提高学生的身体素质，包括心肺耐力、肌肉力量和协调性，并对心理健康产生积极影响，如减轻压力和提高心理韧性。此外，该模式注重培养学生的终身运动习惯和积极态度，鼓励他们将体育活动视为持续的生活方式。

此教学模式还通过团队运动和集体活动提高学生的社交技能和团队协作能力，这些技能对个人和职业生活均至关重要。综合来看，体育锻炼类教学模式不仅强化学生的体育技能，还促进其心理和社交发展，展现了其在当代教育中的重要性和有效性。

2. 局限性分析

体育锻炼类体育教学模式虽具有多方面优势，但也存在一些局限性，主要包括以下两点：

第一，资源和设施的限制。体育锻炼类教学模式往往需要相应的体育设施、器材和空间。在资源有限的教育环境中，如学校场地狭小、器材缺乏或老旧，这些条件的不足可能会限制教学模式的有效实施。特别是对于一些需要特定设备或场地的体育活动，如游泳、田径等，这种局限性更为明显。

第二，学生个体差异的挑战。虽然体育锻炼类教学模式强调个性化和适应学生个体差异，但在实际操作中，教师可能面临如何平衡不同体能水平、兴趣和动机的学生的挑战。对于那些体能较弱或对体育锻炼不感兴趣的学生，如何激发他们的参与度并确保他们能从中获益，是这一教学模式需要解决的问题。

这些局限性提示我们，在实施体育锻炼类教学模式时，需要考虑到资源配置的合理性和对学生个体差异的敏感性，以确保教学模式能在各种环境中有效运行，并使所有学生都能从中受益。

六、发展学生主动性体育教学模式

（一）构建背景

在当代教育领域中，学生作为教学活动的中心，其自主性在体育教学中显得尤为重要。主动性体育教学模式优势在于，它激励学生通过深思、亲身体验来促进交流与合作，这不仅有助于他们社会技能的发展，还能增强社交情感和创新能力。对于高等教育机构而言，要实现优质的体育教学成果，创设一个良好的课堂环境和氛围是不可或缺的条件。鉴于此，主动性体育教学模式应运而生，以适应这种教育环境和日益增长的教学需求，旨在培养学生的全面能力，特别是在团队协作和个人创造力方面。

（二）指导思想

主动性体育教学模式侧重于四个核心领域的发展。首先，它培养学生的主动学习能力和参与意识，通过将学生置于教学过程中心，增强他们的参与感，并激发主动学习能力。其次，模式鼓励学生发展教学技能，如从教师角度分析问题、设计教学计划及提升课堂管理和交流技能。此外，模式强调团队合作的重要性，通过小组项目和团队运动培养团队精神和协作能力，创造支持性和尊重的课堂环境，同时教授民主和集体决策的价值。最后，模式重视创新意识和能力的激发，鼓励学生通过创造性课程和活动，探索新方法，展现解决问题时的独特性和创造力，以保持在不断变化的世界中的适应性和竞争力。

（三）操作程序

在发展学生主动性的体育教学模式中，操作程序的具体步骤及其重要性可以有如下阐述：

第一步，提供可供选择的教学内容。教师需准备多样的教学内容，确保这些内容具有基础性和易于理解的特性。这一步骤是至关重要的，因为它为学生提供了自主选择的机会，从而激发他们的学习兴趣和积极性。

第二步，自由组合成教学小组。学生自由组合成若干小组，并在组内选择部分教学内容。每个小组会指派一名学生承担教学任务，其他成员则轮流担任。这种方法促进了学生之间的合作，并提供了承担教学责任的机会。

第三步，课外资料收集与备课。学生需在课外收集相关教学资料，并准备教学内容。在这个过程中，他们需要选择适合的教学方法、教学手段及组织形式。这一步骤强调了自主学习的重要性，培养学生的独立思考和问题解决能力。

第四步，小组教学实践。每个小组轮流进行教学，由"小教师"主导，其他组员协助。这种小组教学方式促进了学生的互动交流，增强了学习的实践性和体验性。

第五步，教师巡回指导。在整个教学过程中，教师扮演着指导者的角色，巡回各个小组，提供必要的支持和建议。这一步骤确保了教学质量，同时给予学生必要的自主空间。

第六步，小组教师总结与反馈。每个小组的教学结束后，小组内的"小教师"进行总结，其他成员提出意见和建议。这种互动不仅促进了学生间的交流，还为下一个教学小组提供了参考和基础。

第七步，全班集合与教师总结。教学活动结束时，全班集合，由教师进行总结。这一步骤是整个教学过程的终结，有助于加强学生对整个学习过程的理解和掌握。

通过这些步骤，该教学模式有效地促进了学生主动性的发展，增强了他们的责任感和合作能力，同时提高了教学效果的整体质量。

（四）优势与局限性分析

1. 优势分析

第一，在体育教学中，采用主体性体育教学模式可有效促进学生主体意识的实际与目标导向的发展。这种模式不仅重视学生的主动参与，而且在教学设计中考虑到学生的个体差异和需求，从而更加精准地激发和增强学生的主体意识。例如，通过定制化的课程设计和学习活动，使学生能够根据自己的兴趣和能力水平进行学习，进而实现个性化发展。第二，主体性体育教学模式对于提升学生的学习积极性和自主学习能力极为有利。通过赋予学生更多的选择权和决策权，这种教学方式鼓励学生积极探索和参与课程内容，从而自然地促进了他们的内在动机和自我驱动力。例如，学生可以在体育活动中选择不同的角色或项目，自主设定学习目标和挑战，从而在实践中提高自我管理和自我监督的能力。这种教学模式不仅促进了学生在体育领域的学习，还有助于培养他们在其他学术和生活领域的自主学习和自我管理能力。

2. 局限性分析

主动性体育教学模式的实施依赖于学生具备较强的自我驱动力和自觉性。此模式不仅要求学生能够自主规划和设计教学计划、方法及手段，还要求他们在组织和实施过程中显示出较高的独立性和创新能力。学生的自学能力和主动参与度是此教学模式成功的关键因素。如果学生在这些方面的能力不足，那么主动性体育教学模式就可能无法达到预期的教学效果。这种教学模式强调个体差异的尊重和潜能的发挥，旨在培养学生的综合素质和自主学习能力，以适应未来社会的复杂需求。

第三节

构建创新型的体育教学模式

教学模式并非仅是各个组成要素的简单组合，而是指这些要素依照特定规则有机地结合而形成的整体。在教学系统的演进中，各个要素呈现出动态性，但教学模式本身则保持着相对的稳定性。这种稳定性确保了教学系统在质量上的连续性和一致性。教学模式的稳定性是指在教学活动的不断发展和变化中，其基本框架和内在逻辑保持不变，从而为学习提供了一个可预测和相对一致的环境。

一、构建体育教学模式的参考因素

（一）分析教学对象的特点

在探讨体育教学的过程中，理解和分析学生作为教学活动核心的特性至关重要。学生群体是体育教学的主要参与者，他们的特点对于教学模式的设计和实施起着决定性作用。从年龄维度划分，学生的学习阶段大体上可以分为小学、中学和大学三个主要时期。这些不同的阶段伴随着学生在身体和心理上的显著差异，这些差异需要在体育教学模式的构建中得到充分考虑。

在大学阶段，大学生处于青年期，身体基本成熟，具有较强的体能和较高的运动技能学习能力。心理上，他们更加成熟，能够理解和接受复杂的指导和策略。大学生具备良好的自主性和自我管理能力，能引导他们独立设置个人目标，并为之努力。因此，体育教学模式可以设计得更为灵活，允许学生在一定程度上自主选择活动和训练强度。

在这一阶段，学生对特定体育项目可能会有深入的兴趣，或者希望探索多种运动。因此，教学模式应能够适应专业化训练的需要，同时提供多样化的选择以满足不同学生的兴趣。在社交和团队活动中寻求更多的参与感。体育教学模式应鼓励团队协作和集体竞技，以增强学生间的互动和团队精神。

（二）分析体育教材内容的特点

体育教学过程中，教材作为基础工具发挥着重要作用，它不仅是教师教学的主要依据，也是学生学习的核心内容载体。体育教材根据其内容特性，一般分为概括性教材和分析性教材两大类。以下是对这两类教材的具体分析和应用方法的探讨：

1. 概括性教材

概括性教材主要涉及的是相对简单的运动技能，其主要目标在于让学生对各类体育项目有一个基本的认识，并激发他们对体育学习的兴趣。这类教材旨在促进学生的身心健康，并强调学习过程中的乐趣体验。因此，在概括性教材的教学中应采用以快乐为导向的教学模式，如快乐式、情景式和成功式教学模式。这些模式能够通过创造愉悦的学习氛围，增进学生对体育学习的兴趣和参与度。

2. 分析性教材

分析性教材包含更加复杂和技术性的运动技巧，其教学目的在于提升学生的自主学习能力和创新思维。这类教材着重于促进学生在体育知识和技能方面的深入理解和成长。在分析性教材的教学过程中，教师应选择主动性体育教学模式、发现式教学模式及领会式教学模式等，这些模式有助于学生加深对技术动作的理解，培养他们的学习深度和创造性思维，从而更有效地掌握复杂的体育技能和理论知识。

（三）制定某项目的教学目标

在体育教学领域，制定恰当的教学目标是构建和实施教学模式的核心环节。这些目标不仅为体育教学模式注入活力和指导方向，而且是判别不同教学模式的基本准则。新课程改革对体育教学目标进行了调整，具体包括运动参与目标、身心健康目标、运动技能目标、社会适应能力目标、体育品德目标。

基于这些目标，体育教学过程中应当建立并采用以提高学生主动性为核心的教学模式，例如发展型、探究式和成功导向型教学模式。这些模式旨在激发学生对体育活动的兴趣，提高其技能水平，并促进其在身心健康、社会适应等多方面的全面发展。通过这种多元化和富有成效的教学方法，可以更好地实现体育教学的综合目标，为学生的综合成长奠定坚实基础。

（四）分析体育教育条件

体育教育的实施模式受到教学条件的显著影响，而这些条件在不同地区和学校之间存在显著的复杂性和差异性。以城乡差别为例，城市地区由于经济发展水平较高，通常拥有更好的体育教学设施、场地和器材。相比之下，农村地区在这些方面往往受到经济条件的制约，导致其体育教学资源相对有限。

在这种背景下，体育教师需要根据各自学校的实际条件，灵活而审慎地选择和构建适宜的体育教学模式，以有效地实现既定的教学目标和任务。对于资源较为有限的农村学校而言，选择那些对外部教学条件要求较低的教学模式将更为合适。这意味着在农村学校中，教师应侧重于利用现有资源，采取创新和适应性强的教学方法，如利用自然环境进行体育活动，或通过简化的设备和器材来教授基本的运动技能，从而在有限的条件下最大限度地提高教学效果。通过这种方式，即使在资源受限的环境中，也能够促进学生的身体发展和体育技能的提升。

二、构建体育教学模式的准则

（一）整体协调原则

新型体育教学模式的构建核心在于协调教学的各个方面，包括目标、内容、形式、结构与功能。这要求教师深入分析体育教学的各种形式和结构，理解它们的功能和作用，并基于教学目标和现实条件做出恰当的教学模式选择。这种一体化的处理方式能够确保教学活动在实现目标的同时，保持内容与形式的有效结合。

（二）一致性与多样性相融合原则

在体育教学模式的设计中，应坚持既维持教学思想的连续性，又注重实现方法上的多样化，从而克服单一化和模式化的局限。这种原则强调在尊重传统教学经验的基础上，致力于拓展教学方法的多样性，以适应不同学生群体的独特需求和特点，进而提升教学模式的包容性和实用性。

（三）创新与借鉴相平衡原则

在当今全球化背景下，体育教学模式的发展不仅要借鉴国内外的先进理论和实践经验，还要致力于创新。借鉴是为了吸收外部的成功经验和避免失败，而创新则是为了改进现有的教学模式，适应教学环境的变化。这种结合借鉴和创新的方法能够有效提高教学效率，同时避免走弯路。具体而言，这要求教师在借鉴别人的成功经验的同时，结合自己教学实际的需要，进行必要的创新和调整，以形成更加高效、适应性强的体育教学模式。

三、构建体育教学模式的设计步骤

在设计新型体育教学模式时，应遵循以下八个明确且规范化的步骤，确保模式的有效性和适应性。

（一）确立教学模式的指导思想

要选定一种教学指导思想作为构建模式的基石，确保所构建的模式既能凸显核心思想，又具有坚实的理论基础。这一步骤为整个教学模式提供了明确的方向和理论支持。

（二）明确模式构建的具体目标

在清晰的指导思想下，进一步明确构建体育教学模式的具体目标。这一步骤关键在于确保教学模式的目标与指导思想相契合，符合实际教学的需求和条件。

（三）分析典型教学案例

基于前两步的铺垫，进行调研，寻找符合模式构建思想和目标的典型教学案例。此步骤中，所选案例需具备代表性和适应性，以保证模式的实用性和有效性。

（四）分析并把握教学案例的基本特征

对选定的教学案例进行深入分析，概括其核心特征及教学过程。通过这一步骤，加深对所构建模式的理解，确保教学设计的准确性和高效性。

（五）确定表述教学模式的关键词

确定能准确反映所构建体育教学模式特点的关键词汇。这些关键词汇是模式的精炼概述，有助于清晰地传达其核心要义。

（六）对教学模式进行简明定性描述

对所构建的体育教学模式进行简洁明了的定性描述，以便于快速把握其基本框架和主要特征。

（七）实施并进行实践对照检验

按照构建的教学模式进行具体的教学实践，并对实施效果进行评估和检验。这一步骤是模式有效性验证的关键环节。

（八）进行实践总结、评价和反馈调整

通过教学实践的成果进行综合评估和总结。根据反馈结果对模式进行调整和修正，以便在持续的实践中不断优化和完善。

遵循这些步骤将确保新型体育教学模式的构建不仅有理论支撑，还具备实际操作的可行性，从而有效提升教学质量和学习效果。

四、高校创新型体育教学模式的构建与应用

（一）合作式体育教学的构建与应用

在体育教学领域，实施合作式教学模式对于促进学生的多方面发展具有显著意义。此模式不仅有助于培养学生的团队合作意识和协作技能，还有利于增强他们的社交互动、实际操作能力以及协调解决问题的能力。此外，合作式教学模式通过鼓励学生在团队环境中积极参与和互动，为学生个性化发展提供了良好的平台。同时，这种教学模式还有助于在学生中培养终身参与体育活动的意识，促进他们形成健康和积极的生活方式。通过这种教学方法，学生不仅能学习特定的体育技能，还能在团队合作的过程中学习如何尊重他人、有效沟通和共同达成目标，这些技能对于他们未来的个人和职业发展至关重要。

1. 合作式体育教学模式的构建与实施

（1）构建合作式体育教学模式的策略

在制定合作式体育教学模式时，首要任务是依据体育课程大纲的指导原则，进行科学严谨的教学时间分配与规划。具体来说，建

议将约25%的教学时间用于深入讲授体育理论知识，以确保学生对体育学科的基本理论有充分理解；分配30%的时间专注于学生体能和运动技术的系统学习，旨在通过实践活动加强学生的技术能力。剩余的45%时间应聚焦于技战术技能的教学，此环节重在提升学生的专项运动技巧和战术思维。

此外，在具体的课堂教学实施前，教师须制订详尽的教学计划与教学设计。在此过程中，强调与学生的紧密合作至关重要。教师应主动邀请学生参与教学方法的选择和教学计划的制订，以促进师生间的互动与交流。这种合作不仅有助于教师准确把握学生的学习需求和偏好，还能激发学生的主动学习意识和参与热情。通过共同商议和探讨，师生能够共同确定最适合的教学策略，从而最大化教学效果和学生的学习成果。这种教学模式的实施，不仅增进了学生的学科知识和技能，还促进了他们在团队协作、沟通能力和社交互动方面的全面发展。

（2）合作式体育教学模式的实施策略

合作式体育教学模式有五个重要实施策略：设定教学目标、优化集体授课、促进小组合作学习、进行阶段性测验和提供积极反馈，旨在提升教学质量和学生的参与度。

一是设定教学目标。在体育课程的启动阶段，首要任务是设定并展示清晰的教学目标。此环节要求教师结合口头讲解和动作示范，激发学生的观察、体验和思考能力，从而促进师生间有效的沟通和交流。这不仅涉及课程内容的传达，还包括学生情感、态度和价值观的塑造。

二是集体授课的策略。在集体教学环节，教师应当精炼授课内容，以提高教学效率并为后续的小组合作留出充足时间。教师需注重激发学生的学习兴趣，运用创新问题和方法吸引学生注意，确保学生能够全身心地投入课堂活动中。

三是小组合作学习的强化。小组合作学习环节的核心在于促进学生的主体性发展以及加强学生间的互动与交流。学生应在小组内积极表达自己的观点，提高自主学习、积极参与和创新思维的能力。小组合作不仅提升了学生的社交技能，也加强了团队协作和解决问题的能力。

四是阶段性测验的实施。在学习的某个阶段结束时，教师应对学生的学习情况进行阶段性测验。这有助于教师对学生的学习效果进行初步评估，并为后续教学提供反馈和调整的依据。

五是积极反馈与知识整合。在反馈阶段，教师应综合评估学生的学习表现。鉴于学生在小组合作中获得的知识可能比较零散，教师需要指导学生将这些知识整合成系统的知识体系，以便于学生的理解和记忆。小组测试作为反馈的重要工具，不仅可以揭示学生的学习不足，还能为教师提供有针对性的教学调整方向。

2. 有效运用合作教学模式的实施要点

一是更新体育教学理念。在合作式体育教学模式中，需要对传统的教学观念进行现代化的改革，这包括重新评估学生在教学过程中的核心作用。教师应重视学生作为学习主体的地位，激发他们的积极参与和自我表达，同时尊重每位学生的个性和独特性。在教学实践中，应强化与学生的互动与合作，确保教学方法和内容能够贴合学生的实际需求和情况。

二是强化学生的自主意识。体育教师应采用多种策略来激发学生的学习思维和热情，引导他们积极探索和发现教学中的新问题和新情景。在这个过程中，特别重视培养学生的自主性和独立思考能力，鼓励学生在学习中发挥主动性。此外，教师的引导作用不仅体现在通过提问和讨论引导学生注意力集中于课堂，还应确保教学活动的目标和方向始终围绕体育教学的总体目标。教师的这种主导性应以促进学生主体性的发展为目的，使学生在体育学习中既感受到引导也能体验到自主学习的乐趣。

通过这种方法，合作式体育教学不仅是教授体育知识和技能，更是培养学生批判性思维、创造性解决问题能力以及团队合作精神的过程。这种教学模式能够促进学生全面发展，为他们未来的个人和职业生涯奠定坚实的基础。

（二）启发式体育教学模式的构建与应用

在现代教育体系中，启发式体育教学模式的实施成为了提升教学效果的关键策略。这种教学模式依托于教学目标的定位、教学规律的掌握以及对学生认知能力和年龄特征的深入了解。教师通过多样化的教学方法激发学生独立思考，引导他们积极主动地掌握知识，解决学习过程中遇到的问题。此模式的核心在于解决体育教学中的实际问题，提升教学质量，同时激发学生对体育学习的热情，促进其全面发展。这种教学方式的运用不仅增强了学生的学习动力，还提高了教学过程的互动性和实践性，从而有效地推动了学生身心的健康发展和综合素质的提升。

1. 创新启发式体育教学模式的构建策略

（1）精心设计问题情境

在启发式体育教学中，教师应基于教材重点和学生实际情况，巧妙设计引人入胜的问题情境。这不仅包括针对学生学习难点的解决方案，还要通过创新手段，如角色扮演、情景模拟等，激发学生的探究欲望。这种方法能够有效促进学生的积极思考，从而激发学生的学习热情，提升他们的逻辑思维和分析能力。

（2）应用直观教学媒介

启发式教学过程中，教师应优先考虑使用直观的教学媒介，如互动多媒体、实际演示、图表和实物模型等。这些直观工具有助于简化复杂的概念，使学生能够更快捷和清晰地理解教学内容。同时，这种方法也能提高学生对体育活动的兴趣和参与度。

（3）实施多元化实践练习

教师在指导学生练习时，应根据教学目标灵活采用多种练习方式，如小组竞赛、个人技能挑战、互动游戏等。这样的多元化练习不仅使教学内容更生动有趣，还能够有效提高学生的参与感和动手能力。同时，它也鼓励学生在学习过程中进行自我探索和创新思考，从而提高学习效果和学生对体育活动的整体理解。

通过这些策略的实施，启发式体育教学将成为一种更加高效、互动和学生中心的教学方法，不仅提高学生的学习效果，还能培养他们的创新思维和团队协作能力。

2. 体育教学中启发式教学模式的应用要点

（1）精确把握教材的关键点与难点

在体育教学中运用启发式教学模式时，教师需要清晰地识别教材中的核心内容和学生可能遇到的难点。核心内容是学生必须掌握的关键知识点，而难点则是那些学生可能感到困难的部分。教师应通过多种教学方法，如口头说明、动作示范等，来激发学生对这些重点内容的深入思考。为了更有效地传授关键技能，教师可以采用生动、形象的模仿和示范，使学生更容易理解和掌握。此外，教师还应充分考虑学生的身心发展特点、认知水平和学习背景，实施个性化教学策略。这样做不仅有助于提升每位学生的学习效率，也能确保教学内容对所有学生都是可接近和可理解的。

通过精确把握教材的核心和难点，结合学生的个别差异，启发式教学能够在体育教学中更有效地促进学生的主动学习和深入理解。这种教学方式鼓励学生积极参与学习过程，通过自我探索和实践来掌握体育技能，同时促进他们的批判性思维和问题解决能力的发展。

（2）构建与应用多元化评价体系

在体育教育领域，科学构建并有效运用多元化评价体系对于激发学生的学习动力和提高学习成效具有至关重要的作用。多元评价体系旨在全面评估学生在体育学习过程中的表现和成果，以达到总结学习效果、督促和激励学生的目的。一个合理的评价体系能显著提高学生的学习积极性和主动性。该评价体系的具体实施流程包括：明确评价标准、创造适宜的评价情境、选择恰当的评价手段以及合理利用评价结果等步骤。

在实际操作中，评价的过程强调灵活性和合理性，不应机械地依赖标准答案，而是根据具体情况留有适度的评价余地。此外，教师在评价学生的学习技能时，还应引导学生进行自我评价和同伴间的相互评价，以此形成一个互动、全面、反思性的评价体系。这种评价方式不仅有助于学生对自身学习的深入理解，还促进了学生之间的交流与合作，从而为体育教育注入更多元化和综合性的教学理念。

第四节
新教育理念下高校体育教学模式的改革与发展

一、目前高校体育教学模式存在的问题

（一）体育教学理念的滞后性

当前，中国高等教育体系中的体育教学模式仍旧沿袭着传统的教学方式，至今未见显著变革。在常规的体育教学活动中，所采用的教学方法显得过于单调和保守，主要表现为以教师的讲授为核心，学生则处于被动接受知识的状态。常规课堂，教师先运动技术示范，接着学生跟随进行模仿练习。这种教学模式在新课程理念推

动下的教育创新中，尤为突出其局限性。为了适应新时代背景下高校体育教学的需求，迫切需要对教学方法进行改进，重视教学手段的多样化，以期在高校体育教学中实现创新性的教学成果。

（二）体育课程内容的表层化

在当前教育体系中，体育课程内容的表层化现象日益显著。这种情况主要表现在教学内容的浅显处理，缺乏深度和内涵的挖掘。多数体育教材偏重于基础技能的展示和量的积累，却忽略了内容深度的拓展。例如，一些教材仅仅停留在体育运动的基本形式介绍，未能深入探讨体育活动背后的精神价值，如体育精神和民族精神的融入，以及对学生终身体育意识的培养。这种表层化的内容处理不仅未能实现体育学习的根本目的，即通过体育活动促进学生全面发展，还限制了学生创新精神和批判性思维能力的培育。因此，体育课程内容的表层化问题值得深入分析和探讨，以期寻找解决方案，进而提高体育教学的质量和效果。

（三）体育教学评价的实践挑战与执行困境

在理论上，体育教学评价指标是全面且多元的，以确保教学评价能够全方位地反映学生的体育学习成果。然而，在实际操作中，繁杂的评价指标体系往往会带来执行上的困难，导致在体育教学评价的实施过程中倾向于采用更为简化和单一的评价标准。

虽然在操作上，这种趋向于简化的评价方式减少了复杂性，但同时也限制了评价的全面性和深度。例如，仅依靠技能测试或体育成绩来评价学生的体育学习表现，可能会忽视学生在体育参与态度、团队合作能力、体育兴趣培养等方面的发展。这不仅影响了对学生体育素养的培养和全面评估，也可能导致体育教育的目标偏离，忽视了培养学生终身体育习惯和全面发展的重要性。

因此，虽然全面和多元的评价体系理论上更为理想，但在实践中需要找到平衡点，既要保证评价指标的全面性和深度，又要考虑到实施的可行性和效率，以更好地促进体育教学的质量和效果。

二、体育教育模式的改革方向

（一）保留并优化演绎型体育教学模式

体育教育中的教学模式主要由归纳实践经验的归纳法和基于逻辑推理的演绎法构成。演绎型体育教学模式，特别是自 20 世纪 50 年代以来形成的教学模式，是从特定的理论假设出发，通过逻辑推理设计而成的。这种教学模式的核心在于从理论出发，重视科学理论的基础，并在此基础上展开教学设计。演绎型教学模式的这一特性不仅为有意识地利用科学理论作为教学指导提供了可能，还为主动构建教学模式以实现预设教学目标提供了坚实基础。

因此，在教学模式的改革和发展过程中，保留并优化演绎型体育教学模式显得尤为重要。它不仅符合教学理论的发展趋势，而且有助于促进体育教育的科学化和理论化。演绎型教学模式的应用和发展，有助于教师更深入地理解和运用体育教学的理论知识，提升教学效果，同时也鼓励学生从理论角度深入探索和理解体育运动的科学原理，从而实现理论与实践的有效结合。

（二）强化学生主体性的教学模式

在现代教育体系中，对学生主体性的重视已成为体育教学模式改革的核心。传统的教学模式虽然突出了教师的指导作用，却往往忽视了学生的主动学习，导致学生在教学过程中处于较为被动的地位，这在一定程度上阻碍了学生主观能动性和个人能力的培养。然而，随着以学生为中心的教学理念的发展，师生之间的传统关系和角色发生了显著转变，从而形成了一种新的教学模式——"教师主导下的学生主体模式"。

在这一教学模式下，教师仍扮演着重要的引导和支持角色，但学生的主体地位被明显强化。这种模式不仅有利于培养学生的创新思维、自主学习能力和探索精神，还能有效激发他们的学习积极性和主动性。此外，这种教学模式与现代人才培养的理念高度契合，强调个体的全面发展和自主性。因此，在体育教学模式的改革中，转向以学生为主体的教学模式，不仅是教育发展的必然趋势，也是提高教学质量和效果的关键策略。通过这种模式，可以更好地培养学生的体育技能，同时也促进他们的全面性发展，为现代社会培养出具有创新精神和自主学习能力的人才。

（三）促进学生综合能力发展的教学模式

在全球化和信息化时代背景下，社会对个体能力的需求日益增长，尤其是在科技飞速发展和终身教育普及的背景下。这种趋势不仅加剧了社会竞争压力，也提出了对个体更为全面和复杂能力的要求。在这一环境下，传统的以知识传递为核心的教育模式已显不足，尤其是在体育教育领域。因此，创新体育教学模式，培养学生的多元化能力，已成为现代教育改革的关键课题。

体育教育作为学生全面发展的重要组成部分，不仅应着眼于体能训练和技能提升，更应关注于学生综合能力的培养。这包括运动技能、认知能力、创新思维、自主学习能力以及社交和团队协作能力等。在早期的九年义务教育普及阶段，教育界便开始强调学生德、智、体、美、劳的全面发展，而随着教育实践的深入，人们更加认识到综合能力对于学生未来发展的重要性。

因此，体育教学模式的改革应从单一的知识传授转向更加注重能力培养的方向。这种转变要求教育者不仅传授体育知识和技能，而且通过创新的教学方法和课程设计，激发学生的创造力、批判性思维以及解决复杂问题的能力。此外，体育教学还应融入跨学科的学习元素，如科学、艺术和社会学，以促进学生全面视野的形成。

在实践中，体育教育应重视学生个性化需求，提供多样化的学习机会，促进学生主动参与和体验，以及在体育活动中培养领导力和团队精神。通过这些方法，体育教育不仅能够提高学生的体能和运动技能，还能够促进他们在社会、心理和认知层面的全面发展，为其未来在多元化的现代社会中的成功奠定基础。

三、高校体育教学模式的发展方向

（一）理论研究的细分化

体育教学理论的研究承担着指导教学实践和总结实践经验的双重职责。这一领域的理论研究不仅对体育教学实践至关重要，而且对于体育教学的理论框架建设也具有不可替代的作用。缺乏深入的理论研究或实践经验的积累将会导致体育教学失去其核心价值和方向。因此，综合体育教学的理论与实践研究，强化理论研究的深度和实效性，显得尤为重要。体育教学理论的发展趋势体现在几个关键方面。

首先，与其他学科的教学理论研究类似，体育教学理论的研究正从一般的教学模式分析逐渐转向专门针对特定学科的教学模式，最终聚焦于具体的课堂教学模式。这一转变旨在提供更具针对性和实用性的教学指导。

其次，体育课堂教学模式的研究趋势正朝向更加细分化的方向发展。这种细分化体现在对不同教学层面的深入探讨，如对整个学期的教学模式、特定单元的教学模式，乃至每一课时的教学模式进行细致分析和优化。这种趋势不仅符合现代教学的需求，而且是体育教学模式研究发展的必然方向。

综上所述，体育教学理论研究的深化和分化是适应现代教育发展的重要步骤。通过这种方式，可以更加有效地将理论知识转化为实践指导，进而提升体育教学的质量和效果。同时，这也促进了体育教学理论本身的成熟和完善，为未来的教学实践和研究提供了坚实的理论基础。

（二）聚焦核心素养的培养目标

1. 核心素养的起源与意义

核心素养的概念在中国教育领域的引入和普及主要始于 21 世纪初。在 2014 年，中国教育部发布的《国家中长期教育改革和发展规划纲要（2010—2020 年)》中，提出了"立德树人"的根本任务，强调了全面发展教育的重要性，这为核心素养教育理念的推广奠定了基础。

2015 年，教育部发布的《关于全面推进素质教育进一步深化教育教学改革的意见》中，首次提出了"核心素养"的概念。此后，核心素养逐渐成为中国教育改革的关键词之一，被广泛应用于教育政策、课程改革和教学实践中。

核心素养的重要性体现在其对个人综合能力的提升以及对社会适应能力的增强上。这种素养覆盖了从学术知识到情感、身体和社会适应能力的广泛领域。特别是在体育教育中，核心素养的培养不仅促进学生身心健康，还有助于他们发展终身学习的习惯和提高社会互动能力。因此，重视并培养学生的核心素养，对于他们适应未来社会挑战，成为全面发展的个体具有决定性意义。

2. 体育核心素养的内容

体育教育中的核心素养主要聚焦于健康行为、运动能力和体育品德这三个关键领域。健康行为包括个人的生活方式选择，如健康饮食习惯、规律性的体育锻炼和有效的压力管理。运动能力不单指身体上的技能，还涉及团队合作、战略思维和对运动规则的深入理解。体育品德则是指在体育活动中培养的诚信、尊重、团队精神和公平竞争等道德品质。这些素养共同构成了体育教育的核心内容，对学生的全面发展起着至关重要的作用。

3. 体育核心素养的实施策略

体育核心素养的培养需要通过多种方法综合实施。实践活动是最直接的方法，它通过让学生参与各种体育活动，实际体验和学习相关技能和行为。课堂教学也是关键，通过理论教授帮助学生理解体育活动的科学原理、健康生活的重要性以及体育品德的价值。此外，角色模仿和案例学习也是重要的教学手段，学生可以通过分析成功的体育案例和模仿优秀运动员，来学习和内化体育品德和团队精神。这些方法相结合，能够有效地培养学生在体育领域的核心素养。

4. 培养学生核心素养的意义

在体育教学中，培养学生体育核心素养对于学生个人的长远发展具有深远的意义。这不仅仅是提升学生的身体健康和运动技能，更重要的是，它有助于学生社会技能和道德观念的形成。通过培养核心素养，学生不仅能更好地理解和欣赏体育的内在价值，还能够培养终身参与体育活动的习惯。长期来看，这将为社会培养出更健康、更有责任感和全面发展的公民，为社会的可持续发展做出贡献。

（三）体育教学形式的多元整合

体育教学形式的多元化整合是指体育教育模式正在向课内学习和课外活动的一体化发展。鉴于课堂时间的限制，仅靠课内教学难以充分培养学生的运动技能和锻炼习惯，因此，教学设计中应包括足够的课外时间以供练习和技能巩固。课堂主要聚焦于新知识的学习和动作纠正，而课外活动则重在技能的实践应用和习惯的培养。此种方法才能有效提高学生对运动技能的掌握，实现其自动化。然而，当前我国高校对课外体育活动的重视程度普遍不足，有些甚至处于较为自由的状态，这对教学效果产生了负面影响。

从体育教学模式发展的视角来看，由于对课外体育活动重视不足，相关研究也受到了限制。尽管"课内外一体化"教学模式已经提出并尝试实施，但在具体应用上仍显得不够成熟，缺乏明确的操作模式。因此，这一模式尚未被广泛纳入现有的体育教学体系中。只有当这种模式在理论和实践上更加成熟，它才能真正成为体育教学领域的一个重要模式。这一趋势的实现，将促进体育教学从传统的课堂教学模式，转变为更加全面和系统的课内外综合教学模式，从而有效提升学生的体育学习效果和运动技能的实际运用。

（四）注重"以学生发展为中心"的教育理念

伴随着社会进步和国际竞争的日益激烈，对于人才的需求已经步入了一个新的历史阶段。在这一时期，人才培养的标准和要求正经历着前所未有的变革，对具备多元化技能和创新能力的高素质人才的追求日益增强。

在我国教育理论与实践的发展脉络中，教育教学的核心理念经历了显著的演变。最初，教育体系普遍采纳的是"以教师为中心"的模式，强调教师在教学过程中的权威和主导地位，学生的角色相对被动，主要是接受知识的传授。随着教育改革和社会发展的深入，中国的教育理念开始转向"以学生为中心"，这一理念重视学生的主动参与、个性化需求和自我探索的重要性。

当前，我中国教育理念的进一步发展已趋向于"以学生发展为中心"，这一理念不仅关注学生知识技能的获取，更加重视学生综合素质的培养和个性的全面发展。这种理念的转变体现了我国教育体系对于培养创新思维、批判性思考和终身学习能力的重视。它反映了我国教育的深度适应与回应社会变革的需求，特别是在全球化和信息化时代背景下，对于培养具有国际视野、创新精神和社会责任感的人才的迫切需求。如何落实"以学生发展为中心"的教育理念，要从以下两个方面着手。

首先，要注重培养学生的综合能力，需要在教育过程中整合不同的学习领域和技能。这意味着教育不仅仅是传授专业知识，而是要涉及批判性思维、创新能力、人际交往能力等多方面的技能培养。例如，在体育教学中，除了教授运动技能，还应该融入团队协作、领导力培养、健康生活习惯的养成等内容。通过这种跨学科的教学方法，学生不仅学习到具体的体育技能，还能在实践中发展其他软技能，如沟通、团队合作等。

其次，重视学生综合能力的培养也意味着要提供更多实践和探索的机会。教育应鼓励学生参与各种课外活动和实践项目，如体育竞赛、科学实验、艺术表演等。在这些活动中，学生不仅能够应用和巩固在课堂上学到的知识，还能在实际操作中学习决策制定、问题解决和创新思维等重要技能。通过这些丰富多彩的实践经验，学生能够全面发展，为未来的学习和职业生涯奠定坚实的基础。

综上所述，体育教学模式的改革关键在于转变教育理念，"从教师中心"最终转向"以学生发展为中心"，强调学生主体性的提升和综合能力的培养，以适应当代社会的发展需求和教育目标。这种改革不仅影响了教学方式和内容，还关系到学生的个人发展和终身学习的能力。

（五）着重于"大健康观"的发展

随着社会发展和生活水平的不断提升，公众对于"健康"概念的认识和重视程度显著增强。在此背景下，全面实施和深化"大健康观"的重要性日益凸显，这一观念不仅关注传统的身体健康层面，还包括心理健康、健康观念以及健康生活方式等多维度内容。基于这种全面健康的视角，体育教学模式的改革应专注于培育学生的综合健康素养，旨在通过教育实践促进学生在身体、心理和行为层面的全面健康发展。

首先，身体健康方面，体育教学不再局限于传统的运动技能和体能训练。现代体育教育更加强调对学生身体素质的全面提升，如增强心肺功能、提升肌肉力量和灵活性、改善身体协调性等。这种全面的身体发展不仅有助于学生运动技能的提高，还对他们长期的身体健康有重要影响。

其次，心理健康在体育教学中的角色日益凸显。体育活动不仅是提升身体素质的方式，也是培养学生心理素质的重要途径。通过团队运动和竞技活动，学生可以学习情绪调节、压力管理、团队协作与社交技巧等。这些技能有助于学生在日常生活和未来的职业生涯中更好地适应社会，并应对各种挑战。

再次，关于健康观念的培育，体育教学应融入健康知识教育，包括营养学、体育保健学、应急创伤救护等方面的内容。这些知识的传授使学生能够对健康有一个基本的认识，有益于健康的生活选择。

最后，健康生活方式的养成也是体育教学模式改革的一个重要方向。教育者应鼓励学生形成均衡饮食、规律运动、充足睡眠等健康习惯，强调这些习惯对于维护长期健康的必要性。

综上所述，体育教学模式的改革要求教育者不仅关注学生身体素质的提升，更要重视心理健康、健康知识的普及和健康生活方式的培养，以此全面提升学生的健康素养，为其未来的个人发展奠定坚实的基础。这种改革不仅是对传统体育教学内容的拓展，也是对教育理念的更新，体现了教育适应社会发展需求的重要性。

（六）教学手段的现代化转型与创新

随着信息技术和数字化时代的到来，在高等教育体系中，尤其是体育教育领域，正经历一场前所未有的教学手段的现代化转型和创新。这种转型不仅体现在教学活动的现代化特征上，更在于新兴教学技术的广泛应用。具体来说，虚拟现实（VR）、增强现实（AR）、在线学习平台等技术的融入，为体育教育带来了新的维度和视角，显著提高了教学效率和学生的学习兴趣。

在这一转型过程中，科技的整合不仅带来了教学方法上的创新，更为学生提供了更加丰富和互动的学习体验。例如，智能穿戴设备和大数据分析的应用，使得教师能够更加精准地分析学生的运动表现，从而制订个性化的训练计划。此外，通过在线教育平台，学生可以在课外时间接受指导，实现知识的持续吸收和技能的进一步提升。

这种现代化教学手段的引入，不仅提升了学习的效率和趣味性，还深化了学生对体育知识的理解和对实践技能的掌握。更重要的是，它促进了学生的创新思维和问题解决能力的发展。因此，在体育教育领域中，对先进技术手段的引入和运用，已经成为推动教学模式发展的重要趋势。

综上所述，体育教育领域中的现代化教学手段不仅代表了教育技术的一次重大跨越，也为未来体育教学的发展方向提供了新的视角和思路。这种转型对于适应当代社会的需求、培养具有创新精神和综合能力的学生具有重要意义，标志着体育教育向着更加高效、互动和个性化的方向发展。

（七）体育教学评价体系的综合性创新

随着教育改革的深入推进，体育教学模式经历了显著变革，从而催生了对多样化评价方式的需求。在这一变革过程中，采用单一的评价方式已不足以全面、客观地反映各种教学模式的科学性和有效性。因此，体育教学评价体系正朝着更加全面和多元的方向发展，涵盖了从学习过程到结果的各个方面。

传统体育教学模式过分强调对学生学习结果的评价，而忽略了对学习和实践过程的全面评估。这种偏向结果的评价方式往往无法充分反映学生在学习兴趣、爱好和情感反应等方面的发展。相比之下，现代体育教学模式更注重于学生学习过程的评估，包括单元评价和学生自我评价，从而促进了评价体系的多元化和综合性。这种评价模式的转变不仅提高了教学质量，还有助于更好地激发学生的学习积极性和主动性，同时为教师提供了更多元的反馈，以优化教学方法和内容。综合来看，体育教学评价体系的这一创新转变，对于提升教育效果和满足现代教育需求具有重要意义。

第八章

高校体育教学评价体系的
分析与优化

第一节

体育教学评价基本理论

所谓体育教学评价，是指根据一定的客观标准，通过对教学活动进行测量，采集相关资料，对照教学目标进行科学判定的过程。[①]

体育教学评估的核心在于衡量教学目标的实现程度。这个评估过程首先涉及对教学活动产生效果的实际判断，即评价教学活动是否达到了预期的效果。其次，还需对教学目标的实现程度进行深入分析。因此，从这个视角出发，体育教学评估实质上是对教学活动及其成效进行全面的评价与判断。

这种评估不仅涉及成果的量化分析，如学生的技能提升和身体素质的改善，还包括对教学方法、教学内容、教学环境以及教师和学生互动的定性评估。这要求教师具备全面的评估能力，能够在教

---

① 胡英清. 学校体育教学改革与发展研究 [M]. 桂林：广西师范大学出版社，2003：7.

学过程中不断收集和分析数据，以及反思教学实践。此外，这种评估应是持续的过程，不仅在教学活动结束时进行，还应在教学过程中实时进行，以便及时调整教学策略，确保教学目标的有效实现。

一、体育教学评价的核心要素

体育教学评估的核心要素涉及整个体育教学系统的全面评价，包括教学行为和教学成果的综合分析。这种评估不单纯关注教师的教学方法和技巧，也包括学生的学习过程、参与度及他们在共同活动中的表现与成效。评价的目的在于深入理解和提升体育教学的整体质量和效果。

（一）对教师教学行为的评价

1. 教学行为评价的重要性与目标

教师行为的评价是整个课程评估体系中的关键环节，其主要目的在于提高教学质量。通过对教师教学活动和结果进行客观、公正、及时且可信的评价，可以发现教学中的优势和不足。这种评价为教师提供反馈信息，以辅助他们优化教学策略，进而推动其专业成长及教学能力的提升。

2. 教师行为评价的内容维度

教师教学行为的评价内容主要包括对教师的专业素质和课堂教学效果的全面审视。专业素质的评价关注教师的知识水平、教学技能和与学生的互动能力，而课堂教学评价则着重于教学内容的组织、传达效果以及学生参与度和学习效果。

3. 教师教学行为的评估维度

教师教学行为的评价覆盖了备课、课堂教学组织、练习指导和体育成绩考核等多个方面。在备课环节，评价焦点在于教师对教学内容的研究深度、学生需求的理解和资源的有效利用；在课堂教学组织方面，关注点在于教学目标的明确性、内容安排的合理性和教学过程的学生参与性；而在练习指导和成绩考核方面，则重视教师对学生学习进度的指导、激励和评估能力。

全面客观地进行这些评价对于提高教学评价的整体效果至关重要。它不仅有助于揭示教学活动中的优点和缺陷，还为教师提供了改进教学的具体指导，从而促进了教学水平的持续提升和教师专业发展。

（二）对学生学习行为的评价

1. 学生学习行为评价的重要性

评价学生的学习行为在体育教学中至关重要，因为它可以直接反映出教学效果的多个方面。学生是教学活动的中心，通过评价他们的行为，教师和学校能够更好地了解和改善教学策略，以确保学生能够有效地学习和进步。

2. 学习行为的动态性和教师引导

学生在课堂上的学习行为是不断变化的，并且这些变化受到教师教学行为的显著影响。积极和有效的教学可以激发学生更好的学习行为，形成良好的互动循环。因此，教师的角色不仅限于传授知识，还要通过其行为和教学方法来积极影响学生的学习态度和习惯。

3. 学习行为的评价范围

体育教学中的学习行为评价不仅关注学生在课堂上的表现，如听讲、实践参与度和技能掌握程度，还包括课外活动，特别是学生是否能将所学应用于自主锻炼和生活实践中。这一全面的评价范围确保了学生能够在各个方面得到发展，同时帮助教师全面了解并指导学生的学习进程，促进他们在体育领域的全面成长。

4. 评定标准的多样性

在体育教学中，评定学生学习成绩的标准是多样化的，结合绝对标准和相对标准，以适应不同学生的个性和进步速度。体能和运动技能的评定既参考国家标准，也考虑个人基础和提升幅度。这种灵活而多样的评定方式旨在更公平地反映每位学生的实际能力和进步，同时激励他们继续努力提高。

5. 评定过程的参与者

评定学生学习成绩是一个多方参与的过程，不仅包括教师的专业评价，还涵盖学生的自我评价和同众评价。这种全面的参与确保了评定过程的透明性和公正性，同时鼓励学生对自己的学习负责，增强了他们的自我意识和互助精神。通过这样的评定过程，学生能够更好地理解评定标准，提升自我评估能力，而教师也能够根据多元反馈调整教学策略，提高教学质量。

（三）对体育教学成效的评价

1. 传统评价方法的局限性

体育教育中，传统评价通常通过标准化和量化的方式来衡量学生对体育知识和技能的掌握。这种方法倾向于单一维度的评价，仅着眼于学生是否达到了运动技术和体能的标准要求，忽略了教学目标的综合性。此外，由于体育活动的个体差异显著，采用一致的评价标准，往往不能公平地对待每一个学生。

2. 综合评价的必要性与方法

为全方位评估体育教学的效果，必须超越单纯的技能和体能定量测评，融入对学生体育情感和态度的定性考评。评价过程中需考虑学生的个别差异，确保评价方法既公正又贴合学生的实际表现。通过结合量化和定性评估，我们能更精准地把握学生的全面体育素养。

3. 评价的目标与动态性

体育教学的评估不应仅关注成绩，而应着眼于激励学生的积极参与和持续进步。评价应成为一个动态过程，关注学生在学习中的发展和进步，以及他们在学习过程中的变化。通过这种方法，评价将更多地促进每个学生的个性化发展和自我提升。

4. 评价方法的改进与研究需求

尽管目前已经认识到传统评价方法的不足和综合评价的必要性，但在确定更有效的评价内容、方式和指标方面，仍存在许多挑战和探索空间。特别是确定学生体育基础的初始水平以及如何实施结合定量和定性分析的动态评价，都是需要我们进一步研究解决的问题。解决这些问题对于提高评价的有效性和公正性，以及最终提高体育教学质量至关重要。

（四）教师专业素质的周期性综合评价

教师专业素质的周期性综合评价机制是一个系统性的评估体系，旨在持续提升教师的教学质量和专业能力。这种评价通常包括对教师教学技能、课程内容掌握、与学生互动、职业道德和持续学习态度等方面的全面考察。评价周期性进行，可能是每学期、每学年或其他固定时间段，以确保教师能够反思并改进他们的教学方法和专业发展。

这种评价方法不仅侧重于教师在课堂上的表现，也包括他们的课外活动，如参与教育研究、教学创新、学生辅导和社区参与等。评价可以采用多种形式，如同行评审、学生反馈、自我评估和学校管理层的观察。这有助于创建一个全面、客观和公正的评价体系，激励教师追求卓越和自我完善。

周期性综合评价的目的是为教师提供成长和发展的机会，识别和强化他们的优势，同时指出并帮助改进需要提升的领域。通过这种方式，不仅可以提高教师的个人职业水平，还能整体提升教育质量，为学生创造更加丰富和高效的学习环境。

二、体育教学评价的功能

体育教学评价的概念揭示了其在体育教学过程中的关键作用，主要体现在对教学活动的检测和调控，以确保教学目标的有效实现。因此，体育教学评价的功能是多维的，主要表现在以下六个核心方面。

（一）评估与验证功能

体育教学评价的核心职能在于对整个教学过程的效果进行全面和系统的检验与评估。这一过程不仅包括对教师教学方法的综合评估，也涵盖了学生在体育知识掌握、技术技能运用，以及对教学目标达成程度的详尽分析。此外，评价还需关注学生的身体健康和体能水平的提升，这是体育教学的一个重要维度。有效的体育教学评价不仅应当涉及学生技能和知识的客观测量，而且还应考察教学环境的优化和教学资源的有效利用。例如，评价可以涵盖体育设施的适用性、教学材料的创新性以及课程设计的合理性。

通过这种综合性的评估，教师和教育管理者可以获得关于教学过程和结果的深入洞见。这不仅有助于他们更好地理解教学实践的优势和局限，也为未来的教学计划和策略的调整提供了实证基础。例如，评价结果可以揭示特定教学方法对不同学生群体的适用性，或指出如何更有效地整合教学资源以提高学习成效。

（二）诊断与改进功能

体育教学评价的诊断功能是其核心组成部分，它赋予教师深入分析和理解自己教学行为及其成效的能力。这种评价不仅涉及对已经完成的教学活动的回顾和反思，更重要的是，它为未来教学的改进和优化提供了方向和依据。诊断评价的过程涵盖对教学目标的设定、教学方法的选择、实践手段的运用、运动负荷的调整以及教学示范的有效性等方面的全面分析。这种多维度的分析使教师能够准确识别教学过程中存在的问题，并确定需要改进的领域。

在体育教学的背景下，诊断功能特别关注学生的学习态度、参与热情和投入程度。这种评估确保教学活动不仅限于知识和技能的传授，而且包含促进学生全面学习体验的各个方面。例如，评价可以揭示学生在团队协作、运动精神和自我挑战方面的参与程度，从而帮助教师调整教学策略，以更好地激发学生的兴趣和参与。此外，体育教学评价的诊断功能还支持教师在实践中探索和应用新的教学方法和技术。这对于适应不同学生的学习需求、提高学生的运动技能水平以及促进他们的全面发展至关重要。通过持续的诊断和反馈，教师能够不断地改进教学方法，寻找最有效的教学策略，以提升整体教学质量和效果。

综上所述，体育教学评价中的诊断功能不仅是对过去教学的反思，更是未来教学创新和改进的重要推动力。通过这种功能，教师能够更好地理解学生的需求，提高教学实践的有效性，同时激发学生的学习热情和参与度，从而实现教育的最终目标：培养健康、全面发展的学生。

（三）反馈与调节功能

体育教学评价在提供有效反馈和实施教学调节方面发挥着重要作用，成为教育过程中不可或缺的一环。这种评价机制不仅为教师提供了宝贵的反思机会，帮助他们识别和优化自己的教学方法，还为学生提供了关于他们学习进程的关键信息，指明了进步和提高的方向。在学术研究中，体育教学评价的反馈机制被视为提高教学质量和学习成效的重要手段。

对教师而言，评价结果是他们不断提升教学技巧和策略的重要依据。通过评价，教师可以深入了解自己的教学方法在不同情境下的实际效果，包括课堂管理、学生参与度、教学方法的创新性等方面的表现。此外，体育教学评价还能帮助教师识别学生的不同需求和反应，从而调整教学内容和方式，以更好地适应学生的学习风格和能力水平。

对学生而言，评价结果是他们自我认识和发展的重要资源。这些反馈信息不仅反映了他们在体育技能、团队合作、运动态度等方面的表现，还为他们指明了需要加强和改进的领域。在体育教学中，教师提供的反馈应当考虑学生的年龄、心理特点、个人能力和学习动机，确保反馈既具有建设性，又能激发学生的学习兴趣和主动性。此外，体育教学评价的反馈机制对于创建积极的学习环境和氛围至关重要。有效的反馈不仅可以减少学生的焦虑和紧张，还能够鼓励他们建立自信心和积极的学习态度。这种正向的学习氛围有助于学生在体育活动中展现更好的表现，促进他们的全面发展和健康成长。

综上所述，体育教学评价的反馈与调节功能在促进教学和学习的互动、增强教师和学生的能力以及创建支持性学习环境方面发挥着关键作用。通过这种多维度、动态的评价机制，教师和学生可以更有效地参与教育过程，实现教学和学习的最优化。

（四）指导与定向功能

体育教学评价在教育实践中担负着至关重要的指导性角色。它不仅是教学过程的反馈机制，更是教育决策和教学策略制定的重要依据。评价的内容和标准的制定必须紧密结合教学目标和社会需求，确保教育活动能够满足当代社会对体育素养的期望和要求。这种评价机制要求教师基于评价结果，明确设定学生的学习目标，并据此调整和优化教学策略，以有效地实现这些目标。

体育教学评价的指导性功能还包括对学校体育教学目标的明确和实现。通过评价，教育者可以更深入地理解如何在不断变化的社会环境中塑造学生的体育素养，包括体育技能、健康习惯、团队合作和运动伦理等方面的培养。这不仅有助于学生在学校环境中的体育发展，也为其终身体育活动和整体健康提供了坚实的基础。此外，体育教学评价的指导功能还体现在促进教育者对教学内容和方法的不断创新。基于评价结果，教师可以识别教学过程中的优势和不足，从而探索更有效的教学方法和策略。这种持续的改进和创新对于适应学生多样化的学习需求和提升教学效果至关重要。

综上所述，体育教学评价的指导与定向功能对于确保教学目标的实现、推动教育内容的创新，以及满足社会对体育教育的期望具有重大意义。通过精准和全面的评价机制，教育者可以更有效地引导学生走向全面发展的道路，同时为体育教育的长远发展提供坚实的支持。

（五）研究与发展功能

体育教学评价作为一种重要的数据源，为教育领域的研究和发展提供了关键的支持。通过系统地收集和分析评价数据，教育研究者能够对体育课程的设计、实施效果，以及教学方法和学生参与度进行深入的探究。这些数据不仅揭示了教育实践的当前状况，还能够指出改进的方向和潜在的发展机会。在体育教育的学术研究中，评价数据被用于评估各种教学策略的有效性，理解学生在体育学习过程中的行为和态度，以及测量教学目标的达成程度。

此外，体育教学评价的数据分析对于指导教育政策制定和实施具有重要意义。这些数据能够为政策制定者提供关于体育教育现状和未来需求的实证依据，有助于形成更加有效的教育策略和改革措施。通过评价数据的分析，教育决策者可以识别教育资源的分配问题、教学方法的改进空间，以及学生体育参与度的提升潜力。同时，体育教学评价数据的分析和应用对于推动教育技术和创新方法的开发也至关重要。利用这些数据，研究者和教育技术专家可以开发新的教学工具和资源，以更有效地满足学生的学习需求和提高教学效率。评价数据也支持对新教学方法和技术的效果进行试验性评估，确保这些创新能够有效地提升教学质量和学生的学习成果。

因此，体育教学评价在促进教育领域的研究和发展方面发挥着不可替代的作用。它为教育实践提供了实证基础，为教育改革和创新提供了数据支持，同时推动了体育教育领域的持续进步和发展。通过这种基于数据的方法，体育教育可以更加科学地适应学生的需求和社会的变化，实现长远的教育目标和愿景。

（六）调控与优化功能

体育教学评价机制的核心目标是通过持续的优化过程提升教育质量。在这一过程中，评价结果的反馈起着至关重要的作用。它允许教师基于实际的评价数据，有效地调整课程结构、教学方法和学生支持机制。这种调整确保了教学活动更加紧密地与教育目标相契合，同时也更好地响应学生的具体需求和学习风格。在学术研究中，这种基于评价结果的教学调整被认为是提高教学有效性和学生学习成果的关键。此外，学校管理层也可以利用体育教学评价所提供的数据来优化资源分配和支持服务。这种基于数据的决策使得管理层能够更精确地识别教师和学生的需求，从而提供更加有效的支持，如提升设施质量、增强教学材料和资源的可用性，以及提供专业发展机会给教师。这不仅提高了教学资源的利用效率，还促进了学校教育环境的整体改善。

在体育教学评价的广泛应用中，其调控与优化功能还包括促进体育教育的持续改进和创新。通过定期和系统的评价过程，教育者能够识别体育教学实践中的潜在问题和改进机会，进而采取措施进行必要的改革。这种持续的改进过程不仅增强了体育课程的有效性，还为学生提供了一个更加丰富和动态的学习环境，从而促进他们的全面发展。

总体而言，体育教学评价的调控与优化功能对于确保教育活动与目标的一致性、提高教育质量，以及促进教育体系的整体发展至关重要。通过这种功能的实现，体育教学能够更好地满足学生的多样化需求，促进他们的身体和心理健康，以及为社会培养具备全面体育素养的人才。

三、体育教学评价的多维分类

教学评价具备多种类型，国内外学者根据不同视角进行分类。然而，就其在教育过程中所发挥的功能而言，体育教学评价主要可分为总结性评价、形成性评价和诊断性评价等类型。这些评价类型在不同时间点和层次上对教学提供了不同维度的反馈和信息，有助于实现教学的全面改进和学生的全面发展。

（一）根据评价时间点进行分类

总结性评价在体育教学领域中起着至关重要的作用。这种评价形式通常在教学活动结束时进行，其核心目的是对整个教学周期进行全面回顾和总结。总结性评价不仅涉及学生在体育技能、知识理解和态度方面的综合表现，也包括对教学方法、教学内容和课程结构的评估。通过这种评价，教育者可以全面了解学生在课程结束时的整体水平，并对教学的成效和不足之处进行深入分析。在体育教学中，这种评价方法有助于指导未来教学计划的制订和优化。

形成性评价则是一个持续的过程，它在整个教学活动中定期进行，旨在及时跟踪和监控学生的学习进展。这种评价方法强调教育者与学生之间的持续互动和实时反馈，目的是在教学过程中及时进行必要的调整和优化。在体育教学中，形成性评价特别重要，因为它可以帮助教师了解学生在体育技能和运动理解方面的进步，及时调整教学策略，以更好地满足学生的个性化学习需求。

诊断性评价则专注于识别学生在体育学习过程中的具体问题和需求。这种评价方法作为一种重要的教育工具，帮助教育者了解学生的个体差异、学习障碍和潜在的发展潜力。通过诊断性评价，教师可以为学生提供针对性的支持和改进计划，例如，通过个性化的训练计划和差异化的指导来解决学生在体育技能或知识掌握方面的具体问题。在体育教学中，这种评价对于实现个性化教育和促进每个学生的全面发展尤为重要。

综上所述，总结性评价、形成性评价和诊断性评价共同构成了体育教学评价的综合框架。这些评价方法通过不同的方式和时机，共同促进了体育教学的有效性和学生的个人成长，确保教育活动能够全面响应学生的学习需求和社会的发展要求。

（二）根据评价内容进行分类

教学成绩评价，在体育教学领域中，主要聚焦于学生在考试和课堂表现方面的表现。这种传统的评价方法是评估学生在特定知识和技能领域掌握程度的关键工具。然而，在现代教育理念下，对于这种评价方式的应用需要进行更为综合和批判性的考量，特别是在评估学生的体育技能和理论知识时，应考虑到评价的多样性和平衡性。

学生参与评价强调的是学生在体育活动中的积极参与程度，包括团队合作和领导能力的展现。这种评价有助于揭示学生的社交技能、团队精神和运动道德，是理解学生在体育环境中全面发展的关键指标。此类评价可以帮助教师设计更加互动和包容的体育活动，鼓励学生的主动参与和社交互动。

教学目标评价则旨在衡量体育教学活动是否实现了既定的教育目标。这些目标通常包括身体素质的提升、综合素养的发展，以及道德和价值观的培养。这种评价有助于确定教学活动的有效性和针对性，确保教育活动能够全面响应学生的学习需求和社会发展的要求。

（三）根据评价角度进行评价

教师评价在体育教育领域扮演着至关重要的角色。作为由专业教育工作者实施的关键评估，它综合考量教学质量、教育方法的有效性及学生表现。这种评价不仅是教师专业发展的重要反馈渠道，通过对教学实践的全面审视，它也促进教师深入理解学生的需求和成就，从而改进和优化教学策略。在体育教学环境中，教师评价应重点关注教师如何传授体育技能、促进学生健康和运动习惯的养成，以及如何有效地激发学生的积极参与。

学生评价作为一种自我反思和自我评估的手段，在体育教学中同样至关重要。通过参与评估自己的学习进程，学生能够更深入地了解自己在体育活动中的优势和需要改进的领域。这种自我认知过程不仅有助于学生发展自主学习能力，还能激发其学习动力，培养自信心。在体育教育中，学生评价应强调学生对自己的体育技能、团队合作能力和运动态度的理解和评估。

同行评价，由教育领域的同行教师或专家进行，为教育体系提供了一个不同的视角。这种评价方式可以提供专业的反馈和建议，确保教育实践的客观性和公正性。在体育教学中，同行评价特别重要，因为它通过专业人士的外部观察和分析，为教学方法的有效性和学生的学习成果提供了独特的视角。这有助于揭示教学实践中的潜在问题，推动创新和改进，以优化教育成果。

（四）根据评价目的进行分类

体育课程评价是对整个体育教学课程的质量和成效进行全面评估的过程。这一评估不仅包括对教学方法和教育目标的分析，还综合考虑课程内容的设计和学生参与度的情况。课程评价的核心目的是为课程设计提供指导，促进教育内容的持续改进和优化。在体育教学领域，课程评价应特别关注课程如何促进学生全面发展，包括身体健康、运动技能、团队合作能力以及体育知识的掌握。

教学方法评价则专注于评估特定的体育教育方法或策略的有效性。这种评价机制的核心在于帮助教师识别和实施最适合其学生群体的教学方法。通过对不同教学策略的系统评估，教师可以基于实证数据调整和优化其教学实践，以提高学习效果和学生的参与度。在体育教学中，教学方法评价应重视实践技能的传授、学生的积极参与和教学内容的创新。

学生发展评价关注学生在体育教育中的个人成长和进步。这种评价涉及多维度的指标，包括身体素质、运动技能、心理健康、社交能力和综合素养。这一评价的目的是确保学生能在体育领域实现全面而均衡的发展，同时为他们提供个性化的支持和指导。在实施学生发展评价时，应考虑到学生的多样性和个体差异，采用多元化的评估工具和方法，以全面反映学生的成长和需求。

综上所述，体育教学评价是一个多层次、多维度的过程，旨在提升体育教学的整体质量和效果。通过精确且全面的评价机制，可以促进教学方法的创新，确保学生在体育教育中的全面发展，从而实现体育教学的长远目标和社会价值。

第二节

体育教学评价的现状与问题分析

一、当前高校体育教学评价的现实困境

（一）体育教学评价的人本主义缺失

长期以来，高校体育教学常被边缘化，未获得应有的重视，导致教学评价面临尴尬处境，如同被忽视的孤岛。核心问题在于，现行的教学质量评价缺乏"以人为本"的理念。这主要体现在两个方面：首先，评价结果偏向工具性，缺乏对个体差异和需求的关注；其次，评价标准的统一性和程式化导致教学评价缺乏灵活性和多样性。这种缺乏"以人为本"理念的评价体系，导致了评价过程的形式化和机械化，最终使评价失去了其本应有的教育意义。

（二）评价主体的广泛性不足

在体育教学评价体系的构建中，评价主体的广泛性是一个核心要素。所谓评价主体，指的是那些具备必要的评估技能，并实际参与评价过程的个体。为了确立一个高效且有效的体育教学评价体系，其基础必须是基于广泛的支持和参与。评价主体的多元化不仅促进了评价结果的相互验证和综合利用，而且有助于降低评价误差，进而赋予评价结果更高的权威性和准确度。

目前，体育教学评价主要涉及学校领导、教师、监督团队等。但值得注意的是，学生本身也是教学评价的关键主体。从学生的需

求出发，激发他们的学习动机和积极性，对于提升体育教学评价的效果至关重要。然而，当前体育教学评价体系中，评价主体的范围往往过于狭窄，缺乏足够的广泛性。这种局限性可能导致评价结果偏颇，无法全面反映出教学效果和学生需求。因此，扩大和深化评价主体的广泛性是提高体育教学评价质量的关键环节。

（三）评价指标的全面性过度及个性缺乏

在现有的体育教学评估体系中，制定评价指标时普遍存在对全面性的过度追求，而忽视了个性化的重要性。这种评价体系虽看似全面且具有强操作性，但其负面效应正体现在其所谓的"全面性"上。具体来说，评价指标的全面性导致了每个评价因素都对教学成效产生显著影响，迫使教师必须在所有方面进行充分准备，从而形成了一种刻板的教学框架。这种框架限制了教师的创新能力和学生个性的发展。因此，体育教学评价指标体系应避免单纯追求全面性，而应更多地强调个性化和创新性，以实现教育目标的同时，促进全面性与个性、基础性与创造性的有机结合。

二、体育教学评价的问题分析

作为学校体育教育中不可或缺的组成部分，体育教学评价已逐渐引起广泛关注。体育教学评价作为教育评价的一个分支，尚处于不断演进的阶段。我国的教育评价体系相对较晚建立，因此体育教学评价领域仍在积极探索中。这一领域包括了定期和不定期的常规测评以及各级各类的教学比赛等多种评价方式，各自发挥着不同的功能和作用。然而，随着人们对体育教育的重视程度不断提高，体育教学评价的重要性愈加凸显。尽管已取得一些进展，但仍存在一系列挑战和问题，需要进一步的理论研究和实践探索，以不断提升体育教学评价的有效性和精确性。这将有助于更好地指导教育决策和提高学生的体育教育质量。

（一）体育教学目标理解的误区及其对教学评价的影响

体育教学评价以体育教学目标为基准。它的宏观评判标准依据教学目标的实现程度。显然，体育教学目标对评价方向产生影响。然而，长期以来关于体育教学目标确立的观点，一直多元且存在争议：在学校体育与体育教学目标之间的区别与联系、增强体质与提升健康水平的相互作用、提升运动技术与掌握锻炼技巧的关系、对终身体育意识及能力的理解，乃至于教师的引导角色与学生主体性的表现等方面，都存在一定的认识误区。

这些误区使得体育教学目标的内涵变得不明确，层次感模糊，进而影响课堂教学任务的确立、教学内容的选择和教学方法的应用。这种对体育教学目标认识的不一致，无疑在体育教学评价中体现出来，并通过具体的评价指标反映，对体育教学产生了各种影响。

因此，对体育教学目标认识上的误区，无疑会影响体育教学评价及其方向。值得庆幸的是，经过体育教学领域专家、学者和教师的持续努力，对学校体育教学目标问题已形成了基本共识，体育教学评价的方向性问题也因此得到了较为满意的解决。

（二）评价指标全面性的误区与质量观的形成

当前，我国体育教学评价体系普遍倾向于采用统一标准化的方法，这种方法在设计评价指标时倾向于追求普适性和全面覆盖，导致过度细化且数量众多的指标体系，表面上看似全面和具备较强的实用性。然而，这种全面性的追求实际上掩盖了其潜在的负面效应。由于评价指标具有明显的引导性，它们对评价结果产生显著影响，迫使教育工作者和学习者投入巨大的努力去满足这些烦琐的标准。这种情况下，评价体系往往演变为一种僵化的教学框架，限制了教育实践的灵活性和创新性。

在这种框架下，教师的创新教学能力和学生的个性化发展受到明显的限制，从而暴露了深层次的教育质量观问题。为了真正提升教育质量，评价体系的设计应当摒弃单纯的全面性追求，更应重视个性化和创新性的发展。这要求建立更加灵活和动态的评价体系，既能够反映教学的共性要求，又能够鼓励和促进个性化的教学方法和学生的创造性发展。在这种体系下，评价不再是一种单一的、静态的衡量工具，而是成为一种动态的、互动的教育过程，旨在促进教育实践的多样性和创新性。

（三）定量指标偏重与评价片面性的关系

在现代体育教学评价实践中，存在一种显著的倾向：过分强调量化指标的操作性和比较性。普遍认为，量化数据具备较高的客观性和便于操作的特点，且其结果具有较强的可比性。这导致了对定量分析的过度重视，同时忽视了对评价目的和理论框架的深入探究。这种偏向通常表现在评价指标体系的设计上，其中直接量化的元素如学生的技能评估、达标成绩、上课密度等成为主导，而对那些难以量化却在体育教育中极为重要的因素，如学生的体育态度、情感意志、终身体育意识、自我超越等，往往被边缘化或以简化的分级量化形式处理。

这种评价指标体系的设计不仅科学性受限，而且评价结果呈现出明显的片面性。更严重的是，它可能导致教师过分追求可量化的显性效果，而忽略那些隐性但深远影响的教学成分。因此，为了提升体育教学评价的科学性，确保其能有效地促进教学质量的提高，迫切需要对评价体系进行深入研究和不断探索。这包括努力融合那些重要但难以量化的因素，以及在评价指标中更全面、更客观地反映这些因素。尽管这一过程充满挑战，但它对于促进教育的全面性和深度具有至关重要的意义。

（四）官方化对评价功能综合实现的制约分析

体育教学评价作为教学过程的核心组成部分，承担着检验、诊断、反馈、导向和调控等多重功能。理想情况下，这一评价过程应由教师自主执行，以确保其教育目的和针对性。然而，在实际操作中，体育教学评价往往被转化为一种教学行政管理行为，由学校乃至教育行政部门主导。虽然从管理角度对教学成果进行评价对于客观理解教学现状和进行调控是必要的，但当评价主要以官方形式进行时，其适宜性值得商榷。教师作为教学过程的直接实施者，对学生的学习情况和需要有着最直接的了解和感知。因此，教师主导的评价更能准确反映学生的学习进展和教学效果，更能针对性地提出改进建议。然而，当前体育教学评价的官方化倾向可能忽视了教育的个体差异性和教师的专业判断力，导致评价结果的普遍化和标准化。

教学评价的有效性在很大程度上取决于评价的目的和参与者的积极性。以行政管理为主导的评价过程通常关注结果，使教师处于被动状态，对评价方案、指标体系和时间等有限的参与和发言权。这种状况可能导致教师的工作重心转向应对评价，从而改变教学的本质目标和进程。一旦教学评价成为纯粹的官方行为，教师的自主性和评价的积极作用将大为削弱，影响评价功能的全面发挥。官方化评价的片面性不仅限制了教师的教学自由和创新空间，而且可能导致教育资源的不均衡分配和教育机会的不公平。当评价系统过分强调结果，忽略过程和个体差异时，教师可能会不自觉地将教学重点放在达标和考核上，而非学生的全面发展。因此，构建一个更加平衡和灵活的评价体系，既重视教师的自主性，又考虑管理的必要性，对于促进体育教学的质量和效果至关重要。

（五）功利性对评价客观性的影响

体育教学评价的核心理念在于运用客观标准进行教学检查，通过深入分析和公正评判来形成结论，并基于这些结论进行信息反馈以改进教学方法和过程。这种评价机制的目的是促进教育质量的提升，确保学习成果的最大化。当遵循这一指导思想进行评价时，通常能够实现对教学成就的客观肯定、对存在不足的准确识别，并提出建设性的改进措施，最终得出合理且中肯的结论。

评价的客观性和真实性可能受到挑战，特别是当评价与教师的薪酬、职称评定或其他个人利益密切相关时，评价的纯粹性便可能受到功利色彩的侵蚀。在这种背景下，评价过程可能会偏离其本来目的，转而成为一种策略性行为，其中评价者可能会过度强调教师的正面表现，同时忽视或淡化需要改进的方面。这不仅导致评价结果的失真，也削弱了评价作为教育改进工具的效力。此外，评价过程中可能出现的保守性和避免风险的倾向，进一步限制了教学创新和自我反思的空间。因此，评价机制的设计需考虑避免这些偏差，确保评价能够全面、公正地反映教学实践，以实现其在教育改进中的根本作用。这种情形的产生不仅源于体育教学领域的特定环境，也与评价目标的不清晰和对评价机制多维功能的深入研究不足有关，这是体育教学评价领域中必须认真对待和解决的关键问题。

第三节

新教育理念下体育教学评价的优化策略

体育教学评价作为提升教学方法和教育质量的关键工具，其重要性在教育领域的认知中日益增强。随着体育教学评价实践的普及，其对体育教学过程和成果的影响正在逐渐扩大。然而，正如先前的分析所指出的，目前体育教学评价在实践中还存在一系列的挑战和不足之处。这些挑战包括评价标准的制定、评价过程的公正性，以及评价结果的应用等多个方面。为了提高体育教学评价的有效性，需要从理论和实践两个层面进行深入探索和持续改进。

从理论层面看，体育教学评价的研究需要关注评价体系的完整性、评价方法的创新性以及评价结果的应用效果。评价体系不仅需要覆盖技能、知识、情感等多维度指标，还需确保这些指标的科学性和适用性。此外，评价方法的创新是提高评价效果的关键，应当包括多样化的评价工具和技术的应用，以及对评价数据的深入分析。从实践层面看，教师的专业发展、评价工具的实际应用，以及评价结果在教学改进中的实际效用都是需要深入研究的领域。通过不断的理论创新和实践探索，体育教学评价才能更有效地促进教学方法的改革和教学质量的提升。

一、优化基于教学目标达成的评价机制

在 20 世纪 30 年代，泰勒提出了教育评价，并把教学目标理论为体育教学评价的发展奠定了重要基础。这种以教学目标为核心的评价体系，不仅强调了目标的显著性，而且在体育教学领域引发了重大改革。它推动了教学方法的创新和评价标准的演变，使得目标导向的评价成为量化教学成效和促进学生学习的关键手段。此外，这种评价方法还促使教育者重新思考如何更有效地设计和实施体育课程，以达成既定的教学目标。

（一）评价方法的批判

针对传统的目标导向评价方法，学者们提出了新的评价观念，如斯克里文的目标游离评价理论和斯塔克的学生主观感受导向评价观点。斯克里文的理论强调评价应超越预设目标，全面评估教育活动的潜在影响。而斯塔克则主张评价过程应更加关注受评者的主观感受和满意度，强调评价应服务于受评者的自我认识和发展。这些新理念为体育教学评价带来了深刻的启示，使其更加全面和人性化。

（二）体育教学评价的发展

为了提升体育教学评价的有效性，深入探讨教学目标的科学性和适应性至关重要。这包括确保教学目标既符合学生的实际需要，又能反映社会对体育教育的期望。评价过程应全面考量教学活动的各种潜在结果，无论积极或消极，从而实现对教学成效的全面和客观反映。此外，评价还应促进教师对教学实践的持续反思和改进，以及学生对自身学习过程的深入理解。

（三）评价实施的具体策略

在实施评价时，应采用一种以评价对象为中心的方法，关注评价信息如何帮助教师和学生改善教学和学习。这包括综合运用多种评价形式，如即时反馈、长期评估，以及结合定量和定性方法，从而获取全面的教学洞察。同时，评价应促进教学目标与实际教学活动的更有效对接，以及加强学生的参与感和责任感。

（四）体育教学评价的综合考量

在评价体育教学时，需要全面考虑教学活动的目标价值和内在价值。这意味着评价不仅要关注显性成果，如学生成绩和技能掌握，还应考虑教学活动可能带来的潜在和隐性效果，如情感发展和社交能力提升。评价应平衡定量指标和定性描述的重要性，并重视反映学生的感受和满意度。

通过这些策略的优化，体育教学评价不仅能更准确地衡量教学目标的达成程度，还能促进教育实践的持续改进和创新，从而提升体育教学的整体质量和效果。

二、整合总结性与形成性评价策略

（一）总结性评价的局限性

在教学评价的发展历程中，总结性评价长期占据主导地位，特别是在体育教学中。这种评价方式主要关注学生在体育活动中的最终成绩，如跑步速度、跳高距离、投掷远度等。然而，这种结果导向的评价方法存在明显的局限性。首先，它忽略了学生个体之间在体质和技能方面的差异。例如，有些学生可能在投掷方面表现出色，但在跳跃项目中表现平平；或者有些学生跑得快却不耐久。其次，这种评价方法不能准确反映学生在学习过程中的努力和进步。有些学生可能天生体质较好，即使没有认真训练也能取得不错的成绩，而另一些虽然努力训练但由于身体条件限制而成绩平平。这样的评价方式不仅不能客观反映出学生的实际表现，还可能忽视了学生在体育活动中的努力和进步，从而无法准确衡量体育教学的真正价值。

（二）形成性评价的重要性

在体育教学中，形成性评价作为一种关键的过程评估手段，对学生的全面发展具有重大意义。它区别于仅关注最终成果的总结性评价，形成性评价更为注重学生在学习过程中的每一环节。这种评价方式不单是对学生体育技能和知识的衡量，更重要的是对学生的努力、进展和参与程度的关注。

首先，形成性评价使教师能够实时掌握教学进度和学生的学习情况。教师通过持续观察学生在体育活动中的表现，可以灵活调整教学策略，满足学生多样化的学习需求。例如，教师发现某个学生在篮球运球方面有困难时，可以利用形成性评价及时发现问题，并给予额外的指导和支持，帮助学生提高技能。其次，对于学生个人而言，形成性评价是一种重要的反馈和自我反思机制。学生通过对自己在体育课程中的持续评估，能更清晰地看到自己在体育技能和健康习惯上的提升，从而增强自我效能感和内在动力。比如，一名学生起初在羽毛球击球时可能感到挑战，但经过不断练习和教师的形成性评价，能够明显感受到自己的进步，从而增强自信和投入度。再次，形成性评价还特别强调学生个体差异和多样性的重要性。在体育教学中，鉴于学生的体质和运动技能的不同，采用形成性评价能够更公正地衡量每个学生的进步。这种评估方法肯定了每位学生的个性和潜力，而不是单一地用统一标准来评价。最后，形成性评价有助于激发学生的积极性和主动性。当学生意识到他们的每一分努力都被看重并得到认可时，他们更倾向于积极参与学习，踊跃加入体育活动。这种评价方法不仅关注技能的提升，同时还着眼于学生的团队协作、领导力及其他非技术性技能的发展。

综上所述，形成性评价在体育教学中不仅提升了教学效果，还促进了学生在体育活动中的全面发展。通过将总结性评价和形成性评价相结合，可以更全面、更深入地理解学生的学习过程和成果，从而推动体育教学质量的提高。

（三）总结性评价与形成性评价的结合

在体育教育评价体系中，综合运用总结性评价和形成性评价是提升教学品质和增强评估科学性的关键策略。传统上，总结性评价以其结果导向和定量标准（如篮球投篮准确度、游泳速度等）占据优势，但这种方法往往忽视了学习者的个体差异和教学过程的价值。采用单一的总结性评价去衡量学生的运动技能和体能，难以全面反映体育教学的效果和学生的实际发展。

相比之下，形成性评价作为一种过程中的评估方法，重视在教学活动中学生的表现和提升。这种评价能够帮助教师更深入地理解教学情况，并通过持续的反馈促进学生对自己在体育学习上的进展有更清晰地认识，进而激发他们的学习热情。例如，教师可能注意到某个学生在长跑训练中的持续提高，尽管其最终跑步成绩并不是最优秀的。这种关注于学生努力和进步的评价方式，能够鼓励学生认识到他们的努力是有意义的，哪怕在某些标准化测试中成绩并不显著。

因此，将总结性和形成性评价相结合，意味着在评估学生时，不仅要关注其最终成果，也要充分考虑他们在学习过程中所展现的努力和成长。这种综合性的评价模式更为客观和全面，能够真实地反映体育教学的价值和目标。例如，一个学生在足球控球技巧上的表现可能一般，但如果他在训练中展现出显著的技术进步和对运动的热爱，这种进步同样值得认可。

综上所述，将总结性评价与形成性评价相结合不仅有利于更准确地评估学生的个体表现，也促进了学生的全面发展和对体育的长期热爱。这种评价方法鼓励学生在体育活动中的持续努力，而不是仅仅追求短期成绩的提升。它与素质教育和终身体育的理念高度契合，更能体现教育活动的深层价值。总之，这种融合了多种评价方法的体育教学评价，更贴合教育实际需求，能够更全面地展现教学活动的价值和意义。

三、诊断性评价的重要作用

诊断性评价不仅是一个评价工具，更是一种教学策略，旨在深入理解学生的需求和能力。这种评价方式的核心在于其能够为教师提供关于学生学习状态的详细信息，从而指导教学活动的设计和实施。例如，在体育课程中，教师可以通过诊断性评价来判断学生在运动技能、体能水平和团队合作等方面的表现。这不仅帮助教师识别学生的强项和弱点，还能促进教师根据这些信息调整教学计划和方法，以更好地满足学生的个性化需求。

（一）优化教师教学方法与诊断评价

对于教师而言，诊断性评价是一种强有力的教学工具。它使教师能够深入了解学生的学习情况，从而更有效地进行教学设计。通过对学生表现的持续观察和评估，教师可以识别出学生在体育活动中的共性问题和个别差异，进而实施差异化教学。此外，这种评价方式还能帮助教师及时发现并解决教学过程中可能出现的问题，如技能掌握不足或动作不标准等。最重要的是，诊断性评价使教师能够在教学结束时根据学生的进步情况进行全面的反思和评估，这对提升教学质量和实现教学目标至关重要。

（二）助力学生个性化学习与诊断评价

对学生而言，诊断性评价有助于他们更好地理解自己在体育学习中的长处和短板。通过这种评价，学生可以明确自己在体育技能和体能方面的具体优势和不足，从而更有针对性地进行练习和提升。当学生在某项运动或技能上遇到困难时，诊断性评价能帮助他们及时发现问题所在，并找到解决问题的方法。这种自我诊断和自我调整的过程不仅有利于学生提高学习效率，还能增强他们的自信心和学习动力。通过对自己学习过程的反思和评估，学生能够更加积极主动地参与体育活动，从而实现个人的成长和发展。

（三）诊断性评价的特征

诊断性评价的一个显著特点是其灵活性和主观性。与传统的评价方法相比，它更注重个体差异和学习过程，而不是仅仅关注最终结果。这种评价方式允许教师根据学生的具体情况和需要灵活调整评价的标准和方法。例如，在体育教学中，教师可以根据学生的体能水平、运动技能和团队协作能力等多方面因素进行综合评估。这种灵活性使诊断性评价成为一种高效且实用的教学工具，有助于教师更好地适应学生的多样化需求。

（四）诊断评价的综合教学效果

诊断性评价在体育教育中的应用对于提高教学整体效果至关重要。它不仅改善了教学过程，还提升了学生的学习体验。通过诊断性评价，教师能够更精准地了解学生的学习状况，制定更有效的教学策略，从而提高教学质量。同时，学生通过参与诊断性评价，能够更加深入地了解自己，发现和弥补自身的不足，提高学习效率。总的来说，诊断性评价不仅有利于培养学生的体育技能和身体素质，还有助于他们形成积极的学习态度和习惯，对其整体发展产生深远的影响。

四、体育教学评价的多样化与个性化

（一）体育教学评价现状：单一模式的局限性与挑战性

当前体育教学评价模式在我国普遍呈现出单一化的特征，这种情况不利于评价功能的全面发挥。具体来看，长期以来，教育评价体系过度依赖于量化标准和指标，如分配权重和结果计算，导致评价过程呈现出明显的刻板和教条主义倾向。这种单一模式的根本问题在于它忽视了学生个性差异和多样性需求，使得体育教学评价失去了应有的灵活性和实际意义。更严重的是，这种评价方式无法准确反映学生在体育学习中的真实进步和能力，进而影响到教学方法的创新和教育目标的实现。因此，单一的体育教学评价模式已成为制约教学质量提升的关键因素，亟须改革和优化。

（二）面向未来的体育教学评价：适应社会发展与学生需求

随着社会的快速发展和环境的不断变化，学生的体育需求也在持续演变。体育教学评价作为一个多功能的工具，不仅需要适应这种动态的变化，还应具有超前性，即在满足当前需求的同时预见并引导未来的发展趋势。当前的评价系统应更加注重学生的个性化需求和社会对体育教育的期望，从而使体育教学更贴近学生实际，更好地促进其身心全面发展。此外，体育教学评价还应充分发挥其检验、导向和调控等多种功能，不仅评估学生的体育技能和知识掌握情况，还应关注他们的情感态度、合作精神等非智力因素，以全面提升体育教学的实效性和适应性。

（三）多样化的客观要求：地理和经济差异的考量

我国幅员辽阔，不同地区的经济发展水平和文化背景存在显著差异，这些因素都直接影响到学生的生长发育水平和体育需求。例如，经济发达地区的学生可能更倾向于参与多样化的体育活动，而经济较落后地区的学生则可能更多关注基本体育技能的学习。因此，体育教学评价必须考虑到这些差异，实施多样化的评价策略，以确保每个学生都能获得适合自己发展水平和需求的教育。这种多样化的评价不仅体现在教学内容和方法上，还应体现在评价标准和方式上。体育教学评价应从单一的成绩导向转变为综合评估学生的身体素质、技能掌握、情感态度等多方面因素，以更全面地反映教学效果。

（四）灵活多变的评价策略：主观要求与个性化

面对不同的教学对象和评价目的，体育教学评价方法应具有高度的灵活性和个性化。不同学生的身体条件、兴趣爱好和学习需求各不相同，这就要求教师在评价时能够根据具体情况制定合适的评价标准和方法。此外，评价工作的个性化还体现在评价者需要创造性地开展工作，充分利用自己的专业知识和经验，结合学生的具体情况，设计出既能全面评估学生体育能力，又能激发学生积极性的评价方式。这种个性化的评价不仅有助于准确反映学生的真实水平，还能促进学生自我认识和自我提升，从而实现体育教学评价的根本目的——提高教学质量，促进学生的全面发展。

参 考 文 献

［1］傅砚农，曹守和，赵玉梅，苏肖晴．中国体育思想史（现代卷）［M］．北京：首都师范大学出版社，2008：1．

［2］李岚清．美育是整个教育不可缺少的重要组成部分［J］．人民教育，1994（10）：10-11．

［3］中华人民共和国教育部．关于印发《大中小学劳动教育指导纲要（试行)》的通知［EB/OL］．（2020-07-07）［2021-12-25］．http：//www.moe.gov.cn/srcsite/A26/jcj_kcjcgh/202007/t20200715_472808.html.

［4］罗艺，王路达．新时代生态劳动教育：内涵特征、育人功能与实践逻辑［J］．东北师大学报（哲学社会科学版），2023（6）：123．

［5］李世宏．新时期中国体育与劳动教育的融合：必要性、挑战及路径［J］．成都体育学院学报，2023，49（5）：47-54．

［6］中华人民共和国教育部．义务教育体育与健康课程标准（2022年版）［M］．北京：人民教育出版社，2022：6．

［7］毛振明．简明体育课程教学论［M］．北京：北京师范大学出版社，2009．

［8］刘明，张可，刘洋．普通高校体育教学发展与改革探究［M］．北京：中国纺织出版社，2018．

［9］姬红丽．新时期体育教学与改革探索［M］．北京：北京工业大学出版社，2021：13．

［10］蒋新国.体育教学原则新论［M］.广州：暨南大学出版社，2010.

［11］杜威.杜威教育论著选［M］.赵祥麟，王承绪编译.上海：华东师范大学出版社，1981：27.

［12］张斌贤，褚洪启，等.西方教育思想史［M］.成都：四川教育出版社，1994：619.

［13］Bruner J. S.. On Knowing. Cambridge：Harvard University Press［M］.1962：120.

［14］布鲁纳.布鲁纳教育论著选［M］.邵瑞珍，等译.北京：人民教育出版社，1989：448.

［15］Leslie P. Steffe，Jerry Gale. 教育中的建构主义［M］.高文，等译.上海：华东师范大学出版社，2002：68－71.

［16］刘昕.现代国外教学思想与我国体育教学［M］.北京：教育科学出版社，2011：125.

［17］方海容.中国学校体育教育指导思想演变的研究［D］.长沙：湖南师范大学，2014.

［18］王策三.教育论集［M］.北京：人民教育出版社，2002：8.

［19］周爱光.竞技运动异化论［M］.广州：广东高等教育出版社，1999：1.

［20］邵伟德，齐静.基于“体育学科核心素养”的体育课堂教学目标设计思路［J］.体育教学，2020，40（1）：6－7.

［21］邵伟德，等.第八次课改以来我国体育课程理论价值、问题审视与未来发展［M］.北京：中国书籍出版社，2020.

［22］毛泽东.体育之研究［J］.新青年，1917，3（2）.

［23］王占春主编.中学体育教学法［M］.郑州：河南人民出版社，1982：33.

[24] 杨楠. 体育教学模式与主体教学浅论 [J]. 北京体育师范学院学报, 2000, 12 (1): 1-11.

[25] 中国体育科学学会、香港体育学院编. 体育科学词典 [M]. 北京: 高等教育出版社, 2003: 285.

[26] 毛振明. 体育教学模式论 [J]. 体育科学, 1998, 18 (6): 5-8.

[27] 邵伟德. 体育教学模式论 [M]. 北京: 北京体育大学出版社, 2005: 11-19.

[28] 胡英清. 学校体育教学改革与发展研究 [M]. 桂林: 广西师范大学出版社, 2003: 7.